JN017800

ギフテッドの個性を知り、伸ばす方法

編著
片桐正敏

著
小泉雅彦・日高茂暢・富永大悟
ギフテッド応援隊

構成
楢戸ひかる

小学館

3

例えば、ギフテッドのお子さんの中には学校での人付き合いがしんどい、という子どももいます。

発達障害のあるお子さんでも、それはよく聞きますね。

本書の中で詳しく触れますが、ギフテッドと発達障害は、分けて考えて下さい。

ギフテッドは、★向社会的行動をとれる子も多いんです。

ですが、気を使いすぎて疲れてしまったりします。

ぐったり

そうなんですね…。

ギフテッドは、適切なサポートがないと、学校生活につまずいてしまう可能性があるんです。

それ、大変じゃないですか！

4

★他者に自ら働きかけて、他者の利益になることを行う、思いやり行動。

そうなんです。
「彼らを取り巻く環境を整えないと！」と、真剣に心配しています。

彼らへの配慮や支援について、僕の仲間と分担して、お伝えしていきます。

まずは、仲間をご紹介しましょう！

➡詳しい紹介はp.238〜239

ギフ寺

日高茂暢

小泉雅彦

富永大悟

研究者・教育実践家

保護者の会

ギフテッド応援隊

ギフテッドは、環境を整えれば、豊かに成長できる子どもたちです。

ホッ

ギフテッドのこと、知りたいです！！

OK！では、始めましょう！

がラッ

北海道教育大学旭川校教授
片桐正敏

はじめに

　巻頭のマンガにもあったように、ギフテッドの子どもは、「高い知的能力を持ち、さまざまな潜在的可能性を秘めた、配慮や支援が必要な子ども」として、本書では話を進めます。それは単に「才能のある子ども」を言い換えただけではないか、とお考えになる方もいるでしょう。本書は決して天才児や才能児を対象としているのではなく、ギフテッドは「配慮や支援が必要な子ども」です。子どもの頃は特に才能が顕在化しないことも多いでしょうが、顕在化しないだけであって、才能や可能性はギフテッドの子どもに限らずどの子どもにもあります。この本では定義が難しい潜在化ないしは顕在化した才能には触れていません。目指すところは、才能のある子どものための教育ではなく、ギフテッドの子どものための教育です。

　次に、この本のねらいについて述べます。この本は、子ども一人ひとりの特性を見極めて理解し、少しでも保護者が気楽に子育てできるような本であることをねらいとしています。私は子どもには「自立（自分ひとりで物事を行う力）」よりも「自律（自ら考え、判断し、行動する力）」が大事だと思います。何より、自分が幸せであるのが一番です。本書が、子ども自身が幸せに生きるにはどうしたらよいかを子どもと一緒に考え、自分の判断で行動できるきっかけづくりに役立つとよいなと思います。

　私は、子どもの教育や支援に携わる者として、本人の可能性を引き出し、伸ばしてあげたいですし、なるべく多くの自己実現の選択肢を増やす手助けをしたいと思っています。ギフテッドの子どもの支援の場合、本来は学校教育（公教育）の中で、可能性を伸ばすべきだと思いますし、実際アメリカでは、特別支援の枠組みの中で、取

り組まれています。

　もちろん、学校教育が子どもにとって最良の選択肢でなければ別な選択肢も考えるべきですし、高い柔軟性を持って関わるのが望ましいでしょう。私たち専門家はいつも大上段で偉そうなことを言ったりしますが、そういった態度を慎み、手に取って気軽に読んでもらえるよう比較的わかりやすさを重視しました。

　本書は、保護者に向けて、願わくばお子さんにも読んでもらって自己理解が深まるように、イラストやマンガなども取り入れながら小さいお子さんでも直感的に理解し、読みやすい本になるよう心がけました。保護者の皆さんが本書を読んで、それを先生に紹介できて、先生も気軽に読めると、先生方の理解も深まるかな、といった期待も含んでいます。そして、今まさに悩みながら子育てをしている親の言葉や本人の言葉もお伝えすることで、子育て中の親、さらにはギフテッドの子どもにとって何か関わっていく上でのヒントが得られ、さらには学校側の理解を促すきっかけになればと思います。本書が手から手へと繋ぐバトンとなり、そこから人間関係が広がるコミュニケーションツールになればと願っています。

　本書はこれまでの支援関係の本とはちょっと違います。執筆者はいずれも私の友人であり先輩であり、後輩でもある、尊敬できる研究者で実践家です。そして、私たちと関わりの深い全国組織の親の会である「ギフテッド応援隊」（親とギフテッドの子ども）にも執筆に参加してもらいました。少しですがアカデミックな部分を残しつつも、私たちの臨床経験に基づいた、当事者の声をふんだんに盛り込んだ実践的な内容になるよう心がけました。

　本書を読むことで少しでも子育てのヒントが得られれば幸いです。

2021年11月

第1章　ギフテッドとは、どんな子ども？…11

第2章　ギフテッド子育て相談事例集…53

・「上付き数字」は、引用文献が存在するという印です。本の最後に引用文献欄があります。
　より内容を深めたい、もっと知りたいという場合にお使いください。
・「上付き用語」は、本の最後に用語解説が載っています。

第 1 章

ギフテッドとは、どんな子ども？

「ギフテッド」とは、どんな子どもなのでしょう？

3人の実践者が、各自の研究分野から

ギフテッドの概要を解説します。

小泉

ギフテッドの高い知的能力を紐解く

ギフテッドとの出会い

　私が最初にギフテッドと思われる子（A君）に会ったのは、今から20年ほど前になります。A君は、北大土曜教室(注1)のメンバーの一人でした。当時、私たちは特別な教育的ニーズを抱えているが支援が受けられないでいる子どもを集めて土曜教室を行っていたのですが、そのときのスーパーバイザーであった田中哲医師(注2)から、とてもユニークな子がいるということで紹介されました。彼は、非常に高い知的能力を有する子どもで、独創的なアイデアでさまざまな工作を創り上げる子でした。手作りのベイブレードや自動販売機やフレフレ機能がついたシャープペンシルなどを作り上げ、いつも感嘆させられていました。

　私がA君をギフテッドと認識するまでには、自分の中でも時間が必要でした。彼は、書字の苦手さを持っていましたが、高い推理能力、高い創造力、豊富な語彙力で成績は常に上位に位置していました。私は、彼の高い知的能力が書字の困難をカバーし、学業に支障を及ぼすものではないと考えていました。最初は、書字指導に焦点を当てて指導を積み上げていきました。しかし、彼の中では、不全

注1　北海道大学の室橋春光教授が中心となり隔週土曜日に行われていた、発達障害のある子どもの学習・余暇支援活動
注2　現・子どもと家族のメンタルクリニックやまねこ院長
　　　子どもと家族のメンタルクリニックやまねこ
　　　https://www.yamaneko.ccap.or.jp/

感がどんどん募っていきました。

　彼に対する援助は、苦手な部分にこだわるのではなく、その高い能力を生かし、興味・関心を広げることを目的としました。私たちは、土曜教室で理学系の研究室の訪問やゼミ形式の授業も取り入れて関わりました。今なら拡充教育という言葉が当てはまるかもしれません。

　成長とともにどんどんしんどさが加わり、立ち止まる場面に何度か遭遇しました。その都度、彼と丁寧に関わってはきましたが、IQの高さに隠された学習面以外の困り感に対して、きちんと手当てをできていたら、もっと楽に過ごせたのではないのだろうかと、今も自問自答しています。

認知の特性を知るWISC検査

　その後、私が担当していた中学校の特別支援学級に小6のB君というお子さんが見学に来ました。小学校の特別支援学級に在籍しているお子さんでした。彼の話を聞くと、今は通常学級でやっていく自信がないので、1年だけ特別支援学級で学ばせてほしいという希望でした。面白い提案だと思い受け入れることにしました。事前に、管理職や主に関わる学年のスタッフの了承を得て受け入れ体制を整えました。

　小学校との引き継ぎでは、成績は上位ですが書字や協調運動^{用語1)}が苦手との内容でした。個別の教育計画を作成する際、認知特性を把握するためにWISC-Ⅳ^(P.26)を実施することにしました。結果を見た時は驚きでした。全検査IQ(FSIQ)が130を超えていました。言語理解(VCI)と知覚推理(PRI)が高く、ワーキングメモリー(WMI)は平均でしたが、処理速度(PSI)が個人の中では明らかに弱い能力を示していました。この結果は「WISC-Ⅳ理論解釈マニュアル」の中の臨床群研究にまとめられている「知的ギフテッド群」のデータとほぼ同じような数値でした¹⁾。保護者と本人には、B君は「ギフテッド」の可能性があると伝え、ギフテッドプログラムを参考にしながら認知特性に応じた支援をしていきたい趣旨を伝えました。

　高い知的機能を持っていれば、学力の面では問題ないだろうと考えました。事実、理解が早く、教えればほとんど漏らすことなく覚え、高い成績を収めていました。書字などの弱い部分は、デジタルディバイスを使えばある程度カバーできると考え取り組んでいきました。

　しかし、実際に援助を進めていくと学力よりも日常場面や学習場面で多くの困り感を抱えていることがわかりました。学習場面では、

「漢字を書いても覚えられない」、「似たような文字を間違える」、「書くのが遅い」、「計算が遅い」、「ノートを書くのに時間がかかる」、「本を読んでも頭に入らない」、「勉強に集中できない」などです。

さらに、テストで高い点数をとっても満足できず、間違ったことを引きずっていました。生活面では、「眠い、だるい、かゆい」と訴え、どうしたらよいか尋ねてきました。学校生活では、「何をしても楽しくない、嫌いなことがどんどん増えていく」と訴えていました。当時の彼の姿を見ていると、どんなに楽しいことがあってもちょっとした躓きで、オセロの駒のように感情が一気に変わってしまうという印象でした。

読み書き困難を持つギフテッド

　私がB君と関わりながら考えたのが、なぜ高い知的能力を持ちながら生きにくさを抱えているのだろうということです。

　言語理解と知覚推理の高得点は学習面での読解力の高さ、語彙力、数的推理能力を反映していると考えました。処理速度の個人内での低得点は書きの問題や暗算の困難さ、さらには協調運動[用語1)]の苦手な面を反映していると考えました。読み書きの困難を持ちながらも、高い知的機能で苦手な部分をカバーしている状態です。本人にとっては、自分の持つ高いポテンシャルを十分に発揮できずに常に不全感にさいなまれていたと思いますが、周囲にしたら漢字を書くのが苦手、といった程度の捉え方でした。

　私は2014年、ギフテッドの事例を「読み書き困難を持つ知的ギフテッドの支援」[2)]という論文にまとめました。その後、論文を読んだ保護者からわが子も似たようなタイプということで、全国から相談が寄せられるようになり、同じように悩んでいる子どもが多数いることを知りました。相談内容をまとめたのが、図1-1です[3)]。

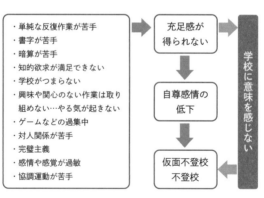

図1-1　ギフテッドの子どもが抱える困難感[3)]

ギフテッドを検査データから読み解く

　2017年以降、臨床研究を本格的に開始し、相談時には事前にインタビューシート（p.114）と質問紙を活用し、必要に応じてWISC-Ⅳを実施しました。保護者からのニーズだけではなく、子ども本人から、「自分を知るために検査を受けたい」というケースもありました。私が相談を受けたケースの中から、全検査IQまたは一般知的能力指標(P.27)が2標準偏差以上高く（≧130）、かつ基本下位検査がそろっている32ケースについてまとめたものをご紹介します。

　4つの指標得点で最も高いのが言語理解の136.9、続いて知覚推理の130、ワーキングメモリーは114.9、処理速度は103.5でした。指標得点の平均が100ですから、130以上は上位2％程度に位置する非常に高い値と言えます。比較対照した子どもたちと比べて、ワーキングメモリーと処理速度の指標得点はさほど高くはないですが、言語理解と知覚推理との得点差は大きい、という結果は、==ギフテッドは、高度な言語理解や知覚推理の課題を得意分野とし、とりわけ処理速度などの比較的不得意な分野との間に大きな開き（ディスクレパンシー==用語2)）==がしばしば見られる==という先行研究1)を支持するものでした。おおむね言語理解が最も高く、順に知覚推理、ワーキングメモリー、処理速度の順で低くなっていく傾向が見られますが、32ケース中10ケースにおいてワーキングメモリーよりも処理速度が高いという結果が見られ、その中で2ケースは統計的にも有意に処理速度が高かったのです。

　私のデータでは、半数以上の子どもが言語理解とワーキングメモリー、および言語理解と処理速度のスコアで開きがありました。この開きは、10％程度の出現率用語2)であり、非常に稀な差と言えます。さらに知覚推理と処理速度、一般知的能力指標と認知熟達度指標(P.27)

の間にも開きがありました。ワーキングメモリーが弱いにもかかわらず、高い言語理解力や問題解決能力を有しているのかがギフテッドの知的機能を解明する上での重要な鍵を握っていると考えます。

　WISC-IVの結果をまとめると、ギフテッドの子どもでは指標間の開きが体系的に見られており、認知特性を踏まえ、支援を判断する上で一つの特徴であると考えられます。指標の凸凹（より正確に言うと凸□）はギフテッドの子に限らず多くの子に見られますが、これほどの凸凹は稀にしか見られません。つまり、ギフテッドの子どもたちの凸凹の差はギフテッドの子どもの一つの特徴と言えます。

凸□なエンジンを積んでいるジェット機

　ギフテッドの子どもの「認知の凸凹（ギフテッドの場合は、凹よりも□なので、以降凸□と表記します）」とはどういうことでしょう。WISC-IVの処理速度指標は、DN-CAS[用語3)]で測定された注意尺度と高い相関を示します[1)]。処理速度の検査が、実は最も子どもの注意機能を必要とする課題であり、学校適応とも関連することが考えられます。ギフテッドの子どもは、高い知的機能を持ちながらも注意をうまく切り替えたり保持したりするのが苦手です。結果として学習や生活にさまざまな困難を抱えてしまうことになります。

　さらにワーキングメモリーと処理速度とのバランスの悪さがあります。ウェクスラーは知能を「自分の環境に対して、目的的に行動し、合理的に思考し、効果的に処理する個々の能力の集合的または全体的なものである」[4)]としています。その中核となるのは、この2つの能力であり、「慣れ」や「効率」とも関連し、最も環境適応に求められる能力になります。この2つの指標は読み書きや計算の苦手さにつながるだけではなく、素早さを求められる行動面や繰り返し

を求められる生活面でも困難を抱えてしまいます。

　ギフテッドの子どものWISC-Ⅳの指標の能力の凸□をジェットエンジンに例えたのが**図1-2**です。（数字は正確ではなくあくまでも例えとして）ジェット機に搭載されているエンジン1基1万馬力とすると、ジャンボジェット機ではエンジンが4基、合計4万馬力の力があります。でもギフテッドの子どものジェット機は言語理解と知覚推理が1万5000馬力（認知の凸）、ワーキングメモリーが1万1000馬力、処理速度が1万馬力（認知の□。凹だと1万馬力を下回ってしまうので、ギフテッドの場合□という表記）です。4基の出力を合わせるとあり余る力を持っています。出力の大きい言語理解と知覚推理の認知能力を使って飛んでいるときには、弱い部分をカバーして安定して高いパフォーマンスを示します。しかし、平均的な2つのエンジンを使う場面では、制御するのに何倍もエネルギーを必要とします（本来のジェット機は自動制御されているのですが、マニュアル操作と考えてください）。

処理速度　　知覚推理　　言語理解　　ワーキングメモリー

図1-2　ジェット機　エンジンの大きさ、出力がバラバラ

得意なエンジンを使うのが総合的学習や道徳やマインクラフトだとしたら、苦手なエンジンを使うのが板書や計算や日常生活だと考えてもらうとわかりやすいと思います。興味関心があり得意な領域には、出力が最大限発揮されますが、興味関心のない単純な作業には持っている出力が生かされない状態です。

凸□が大きいほど、得手不得手の差も大きく、飛行が不安定になっていきます。本人の中でも単純なことに対しては、やる気が起きないし、教師からは能力があるのに取り組まないと思われ、叱責も多くなるためにネガティブな自己像にも繋がっていきます。子どもたちにとって、凸□のエンジンは扱いづらく不完全燃焼で、心には不全感が募っていきます。何よりも自分の弱さにこだわらないで、自分の強みを生かせるような取り組みが求められます。

検査の時に大事にしていること

検査時に大事にしていることは、子どもとの対話です。ただ単に、検査課題をどのように答えたかだけではなく、学校生活や家庭のことを聞くことにしています。子どもたちが、検査の中で話をしてくれる日常での困り感や考えていること、問題に対するつぶやきが検査結果と結びつき、より深い考察の手がかりとなります。

彼ら彼女らの検査の取り組みを通し、ギフテッドの子どもの特性と思えることがいくつかあります。それは「熟考」と「完璧主義」です。わからないとすぐに諦めてしまう子が多くいる中、ギフテッドの子どもは幼児でも正答を見出そうと時間をかけて考えをめぐらします。検査者は、タイムプレッシャーを極力排除し、答えを待ちます。子どもたちは言葉を活用しながら、いくつかの可能性を考え、ひとつひとつつぶしていって正答へとたどり着きます。

　ギフテッドは完璧主義と言われますが、わからない自分が許せない、正しい答えを知りたい、そのためには考えることを厭わないという思考スタイルではないかと考えます。さらに、その思考スタイルは、簡単な課題に対しては、それほど頭を使わず答えるのですが、難しい課題や興味をそそられる課題だとスイッチが入り熟考モードに入ります。その切り替えが巧みであり、作為的という印象です。課題によっては、「えー、今なんて言ったの」と聞き返しが多くあったり、人の話に注意を向けていなかったりする場面が見られます。でも一度、スイッチが入ると熟考モードに入り、時間を忘れたかのように没頭します。毎回時計と睨めっこしながら、ひたすら子どもの「わかったかも」、「できた」という言葉を待つことになります。

　最初の頃は、幼児や低学年のお子さんの検査は、1時間半で設定していましたが、今は余裕を見て2時間半はとるようにしています。ギフテッドの子どもたちは幼児の段階から、素早い操作よりも、じっくり考える思考パターンが備わっているのです。

書字・読字はつらいけれど、 「絵を描くこと」で乗り越えてきた

　私は現在中学2年ですが、みんなが平気なことがなぜ私だけ苦痛に感じるのか、そんな思いが常にあり、私自身の葛藤とどう向き合うかを常に試されてきたような気がします。

■ 友達や人間関係について

　幼稚園の時は友達を作るという発想が全くなく、いつも一人でいました。小学校に入っても、友達はなかなかできませんでした。いつも一緒にいて、何でも話せる親友がほしかったので、休み時間ごとに遊ぶ子が違ったり、遊びの輪に気分次第でしか入れてくれないのは、とても苦痛で、私にとっては友達ではありませんでした。

　休み時間は本を読むことでどうにかやり過ごしていましたが、週1回、「昼休みは全員運動場で遊ぶ」というルールがあり、とても困りました。私は運動が苦手で足手まといになるのが怖くて、

自分から遊びに入れて欲しいと言えず、運動場の隅で時間が過ぎるのをひたすら待つしかありませんでした。たまに放課後や休みの日に遊びに誘われると嬉しくて行きましたが、自分の意見が言えなくて振り回されることが多く、帰宅後は毎回体調が悪くなっていました。何をやっても無駄だと思うことが重なり、自然といろんなことを諦めることが癖になったのもこの頃からです。

3年生の時に転機が訪れました。相変わらず一人で休み時間にすることがなくて、教室のカーテンにくるまって隠れていたら、同じクラスの子がカーテンを覗いてきました。最初はびっくりしましたが、それをきっかけに徐々に話をするようになり、今では一番の親友です。得意分野が彼女と私は違うので、お互い困った時には助け合いながら学校生活を送っています。

▌ 学校について

私は、書字がすごく苦手です。きれいに書くことができず、人の3倍時間がかかり、どんなに力を抜いてもすぐ指が痛くなるので、何度も繰り返し書かなくてはいけない漢字の宿題は地獄でした。中学生になると漢字の書き取りの量が膨大で、加えてワークなど大量の提出物の書字に悪戦苦闘しました。ノートを取るのも遅いため、書いている途中で黒板を消されてしまうこともあります。漢字の宿題は中学校2年生になった時に学校に相談し、通常5回漢字を書くところを1回書き、その下にその漢字を表す絵を描くという形にしてもらうことができました。

これで救われたのでワークは頑張ろうと思ったのですが、ある日限界がきてしまいました。こんなことがこの先もずっと続

くのならこんな人生は終わらせたいと本気で思い、涙が止まらなくなってしまいました。そこで両親がすぐ動いてくれ、結果、ワークをPDFにしてiPadに取り込み、iPad上で手書きしたものを印刷して提出する、という方法の許可をもらうことができました。書く時間は変わりませんが、筆圧が必要ないのでほとんど疲れず長時間書くことができ、本当に楽になり助かっています。

　読字も苦労したことの一つです。中学生になると、情報量が多く字が小さいので、読むのに苦労しました。字の間隔が狭いといろんな文字が目に入ってしまい、同じ行を何度も読んで先に進めないのです。家で勉強する時は拡大コピーをしてやっていましたが、学校では特にテストの問題用紙が読みづらく、問題が最後まで読めないものもあったため、これも学校にお願いして、拡大したものを用意してもらうようになったことで解決できました。

　学校生活は体調との戦いでもあります。ちょっとしたきっかけですぐに頭痛や吐き気がしてしまい、酷い時は少し食べただけで吐き気がして、ほとんど食事が摂れないことが続いてしまいます。学校ではいつでも保健室に駆け込むことができるようにしてもらっています。小学校でも中学校でもお願いしたいろんな配慮を受け入れて下さったことは本当に感謝しています。

▐ 絵を描くことが好き

　「絵を描く」ことができたから、いろんなことを乗り越えてこられたと思います。幼稚園の時に街のきれいな広告に目が留まり、これを描いてみたいと思ったのが絵を描くきっかけでした。それから絵画教室に通うようになり、家でも絵を描く日々が今

でも続いています。描きたいと思うものが描けるにはどうしたらいいか、色の塗り方や構図などを調べ、思うように描けた時は心から満足します。集中して描くため、嫌なことを考えずに済むのも絵を描く理由の一つです。

　中学校では美術部に入り、2年生からは部長もしています。絵が好きな友達といろんなものを描くことが楽しくて仕方ありません。小学校高学年頃からいろんなコンクールで賞ももらえるようになり、これからもずっと描き続けると思いますが、これを将来仕事にするのか趣味に留めておくのかという選択肢で今は悩んでいます。

　いろんなことがありましたが、両親や先生方など多くの人に助けてもらうことができたおかげで乗り越えてこられたと思います。今まで自分が頑張ってきたことが明るい将来に繋がると信じて、これからも頑張っていきたいと思います。

WISC-IV
(Wechsler Intelligence Scale for Children-Fourth Edition)

WISC-IVとは、5歳0カ月から16歳11カ月までの子どもの知能水準を測るために広く用いられている国際的な知能検査です。この検査は、①(合成得点の)平均が100であること、②(合成得点の)1標準偏差が15であること、が特徴です。

理論上ですが、同年齢の子どもにWISC-IVを実施すると、IQが100の人が最も多く、100から115(1標準偏差の範囲)に全体の分布の34.1%の人が含まれます。IQ120以上の人は全体の分布の10%弱、IQ130以上の人は全体の分布の2%ほどが該当します。下位検査の課題は素点同士で比較ができないので、WISC-IVでは標準化という統計的手続きを行い、それらの下位検査同士の比較を可能にしています。複数の下位検査課題を一つの総合得点として算出したものが合成得点です。

WISC-IVでは、FSIQのほかに、次に示す指標を分析することで子どもの認知能力を評価します。

1. 全検査IQ(FSIQ)

一般的に言われているIQ、知能指数はこれを指します。「FSIQの合成得点」=「IQの値」と考えてください。

2. 言語理解指標(VCI)

言葉で理解し表現したり、推論したりする能力を指します。言語的な知識も含まれ、ギフテッドでは高いスコアを示します。

3. 知覚推理指標(PRI)

視覚で捉えた事物を構成し直したり、関係性を推論したりする能力を指します。基本的には言葉に依存しない能力ですが、視覚で捉えた事物を言語に変換して考えることもあります。

4．ワーキングメモリー指標（WMI）

聴覚に入力された言語情報を一時的に頭に留めて記憶したり、情報を頭の中で入れ替えるなどの操作をしたりする能力を指します。視覚的な情報処理能力はこの指標では評価していません。この指標は、注意力などを質的に評価できるものの、ワーキングメモリーの実行機能に関連する能力の直接的な評価は難しいです。

5．処理速度指標（PSI）

制限時間内になるべく早く正確に作業を遂行できるか、主に手先を使って作業する能力を指します。注意の維持のほか、手先の器用さ、指示を理解して作業を素早くこなす力、などが求められます。単純な作業を一定時間行うため、作業を動機づけする能力も必要です。ルーチンワークが苦手なギフテッドは、この指標が他の指標と比べて低い傾向がありますが、それでもほとんどのギフテッドは同年齢の子どもと比べて平均の範囲内のスコアです。

6．一般知的能力指標（GAI）

言語理解指標と知覚推理指標を合わせた指標です。問題解決能力や推理能力、あるいは高次な学習課題に取り組む能力を指します。この指標は、短期的な注意力・集中力などはそれほど必要ではなく、一部を除いて時間のプレッシャーがないことから、心身面での調子の良し悪しが成績に左右されることが比較的少なく、再現性や安定性があり、FSIQとの相関が高いとされています。

7．認知熟達度指標（CPI）

ワーキングメモリー指標と処理速度指標を合わせた指標です。注意の影響を受け、指標の安定性はGAIと比べて落ちますが、認知処理の効率を反映していることから、学習の基礎的な能力を捉えていると考えられています。ギフテッドではこの指標得点が低い一方、GAIが高い傾向が見られます。

激しくも、豊かな感情を示すギフテッド

日高

ギフテッドの過度激動（Overexcitability）とは

　精神科医のカジミシェ・ドンブロフスキは、ギフテッドには環境からの刺激に対する感受性や興奮性が高く、時に強い行動的・感情的反応を示す傾向があると考え[5,6]、この傾向がギフテッドらしい能力の早期発達や人格発達を促す鍵の一つになると考えました（肯定的分離理論とも言います[7,8,9]）。こうした特徴を過度激動（Overexcitability, OE）と言います（超活動性[10]や過興奮性[11]等の訳がありますが、本書では表記を過度激動と統一します）。ドンブロフスキは、過度激動には脳神経の興奮のしやすさといった神経学的背景が想定されており、刺激に対する敏感性（sensitivity）や強い反応性（intensity）と表現されることもあります。

　過度激動はギフテッドの子どもの「精神的・行動的な激しさ」を示す言葉で、ドンブロフスキは過度激動を5つ（精神運動面、感覚面、想像的な面、知的な面、情動面での激しさ）に分類しました。一般的に、1人の中で、1つあるいは複数の過度激動が高い場合が多く、5つの過度激動すべてが高い場合は少ないとされます[11]。ドンブロフスキは、通常自然に受け入れる物事に対して、過度激動を示すギフテッドは、精神的・行動的に過剰に反応してしまうため、日常にある疑問や矛盾に気づきやすく、強い関心やモチベーションを持つと考えられています[12]。ギフテッドの過度激動による反応は、周囲と質的に差異を生みやすく、本人の中での葛藤や集団生活上の問題

につながることがあります。そのため、ギフテッドの子どものカウンセリングを行う上では、自身の過度激動に関して理解を深めることが重要視されています[13]。

海外では過度激動の評価尺度であるOEQ-II[14]が開発されており[15]、日本でも現在私たちが原著者の許可を得て、日本語版OEQ-IIの作成を行っています[16]。以下、尺度の質問項目の一部を参考までに挙げてみます。

	過度激動	日本語版OEQ-IIの質問項目例
1	精神運動性	・私は動いているのが大好きだ。 ・私は負けず嫌いだ。
2	感覚性	・芸術鑑賞は、総じて、夢中になる体験だ。 ・自然の中の美しさに、感動する。
3	想像性	・退屈だと感じると、私は空想を始める。 ・心の中に思い描くものは、現実のものと思えるほど鮮明だ。
4	知性	・自分の考えを、しっかり持っている。 ・問題を解決したり、新しい概念を発展させたりすることが大好きだ。
5	情動性	・喜び、怒り、興奮、絶望などの感情を、私は強く感じる。 ・悩みや心配なことが、たくさんある。

次のページから、過度激動を強く示すギフテッドの子どもがどのような特徴を示すのか、5つの過度激動を紹介していきます[17,18]。

精神運動性過度激動

一般的な生活では、刺激が足りない。
自分に必要な強い刺激を求める傾向がある

思いついた端からやっていく!!

急に外に遊びにいく

折り紙をしていたと思ったら

　精神運動性スコアの高い人は、活動的でエネルギッシュな行動や生活を示すことが特徴です。一方で、「落ち着きがない」、「やるべきことをせずに思いついたことを衝動的に行う」といった"問題"として表面化する可能性もあります。

　例えば、私が出会ったある子どもは、着席を維持することが難しく、部屋を歩き回ったり、寝転んだりしながら知能検査や学習支援を受けていました。一見すると、活動に飽きたり、質問を聞いていないように見えるのですが、この子にとっては、**集中を維持するために、むしろ身体を動かすといった刺激が不可欠**なのです。

　このように、本人にとって必要な刺激を得るための活動が、"普通"として求められるルールや行動から逸脱してしまうこともあります。学校の先生には、「精神運動性過度激動のスコアの高い子の特性」という方向で理解をしていただけると、子どもが過ごしやすい環境を整えることに一歩近づくのではないでしょうか。

感覚性過度激動

身体への外部情報のとりこみ方は、人それぞれ。
刺激に対しての制御が上手にできない

　感覚性スコアの高い人は、視覚、聴覚、触覚、嗅覚、味覚といった環境からの刺激によって生じる感覚体験が通常の人よりも強いことが特徴です。「感覚過敏」との違いは、感覚性過度激動は感覚体験のポジティブな側面にも注目している点です。例えば、物の色合いや質感、音やメロディに対して強い興味や喜びを感じるといった側面にフォーカスすれば[19]、「感覚体験による快感情を増幅できる」ということでもあります。この特性があることで、些細な日常から芸術鑑賞まで、生活に彩りや豊かさが与えられることでしょう。

　ただ、幼児期・低学年期は、感覚に由来する不快感を言語化したり、不快な環境・刺激を避けたりといった対策を本人ができないことが多いので、子育てや集団生活が難しくなる傾向があります。

　早めに感覚性スコアの高さに気がつくと、本人も周りも楽ですね。また、聴覚の刺激を緩和するノイズキャンセリング対策など、環境からの刺激を緩和する選択肢があることも知ってほしいです。

想像性過度激動

想像力が、強い。想像に没頭するあまり、日常生活では、ボーッとしているように見える。

　想像性スコアの高い人は、豊かな想像力が特徴です。幼少期には、現実と空想が混ざった話をすることもあります。空想に没入するあまり、ボーッとしているように見えることもあります。考え方が柔軟で、思いがけない発想や発明をすることがあります。また、物語づくりや図画工作、レゴといった創造的活動を好む傾向があります。

　イマジナリーコンパニオン(空想上の友だち、Imaginary Companion、以下、IC)[用語4]を持つことも多く、欧米では半分くらいの子に見られ、日本でも同じ結果が出ています。ただ、欧米では大人には見えないICが多く、日本ではぬいぐるみのICの割合が多いようです[20]。空想上の国や世界をつくり遊ぶ(Imaginary World Play)ギフテッドもおり、IQや創造性の高さを予測するとされます[21]。ICを持つことは、不安や緊張の解消といったストレス緩和の側面もあるので[22]、さほど心配をせずとも大丈夫です。

知性過度激動

**知的好奇心が強く、言語発達も早熟。時として、
周囲と話が合わない困り感を抱える。**

　知性スコアの高い人は、自分の考えを持ち、好奇心が旺盛です。
ギフテッドの子どもに見られる知的・言語発達の早熟化は、知性過度
激動が関わっている可能性もあると考えられています。また、自分
が関心を持ったことは、粘り強く取り組みます。論理的な思考を好
み、「なぜ？」、「どうして？」と質問をしたり、調べたり、思索に没頭
したりします。いじめ、環境問題、ジェンダー、異文化対立など、
社会問題や倫理的な問題に関心を示す人もいます。

　一方で、本人が魅力を感じない事柄に対しては、「しないといけな
いものだ」といった説明だけでは、なかなか動きません。客観的に分
析する傾向もあいまって、例えば宿題の提出ができなかったことに
対して、「宿題の意義や一日のスケジュールからみた構造的問題」と
いった内容を指摘し始め、「反省が見えない」と、叱られることもあり
ます。日々の生活の中では難しいことですが、大人は、本人が納得
できるよう、論理的な説明を心がけられるとよいですね。

情動性過度激動

感情のコントロールが、難しい。冷静に行動するにはどうすればいいのか、本人も悩んでいる。

　情動性スコアの高い人は、人や場所、物に対して強い感情を示す特徴があります。また、ポジティブな感情もネガティブな感情も強く増幅され、短時間に入れ替わることもあります。ある子どもは、お出かけに際して「今日は最高の一日だ！　楽しい!!」と喜びを全身で表現しながらも、自分の思い通りにいかなかったことがきっかけで「最悪な一日だ！」と泣きながら強い怒りを表しました。**感情の起伏が大きく、本人も周囲もその感情の影響を受け、疲れ果てることもあります。**さらに緊張や不安、恐怖、羞恥心といった感情も強く増幅されるため、新しい環境では心理面での不調を訴える人もいます。人間関係からの影響も受けやすく、共感、同情、責任等を強く感じて、過度に人助けをしたり、自責的に振る舞うこともあります。「情動性過度激動」という言葉を知ることで、「自分は負の感情が増幅するような人や事柄とは、心して距離をとる必要がある」など、環境調整の方法を考え始めるきっかけになるといいですね。

自分の特性を知り、うまく付き合う

　ギフテッドの子どもの特徴として、知性過度激動と想像性過度激動が高いことが複数の研究で確認されています[23,24]。過度激動による強い好奇心や感情、豊かな想像力等は本人の強みでもあり、同時に弱みにもなりえます[19]。過度激動は環境からの刺激に対して強い行動的・感情的反応を引き出すので、同年齢集団の中で浮いてしまうこともあり、ギフテッドの子ども本人の葛藤になったり、周囲の人や環境との軋轢を生む可能性もあります。

「過度激動の強さ」によって生じる、弱みの例

精神運動性過度激動	環境からの刺激に対し、過剰に衝動的に反応するため、落ち着きがないと思われやすい
感覚性過度激動	感覚に対する不快感や疲労感等のコントロールが難しいので、不快が避けられない環境に置かれるとつらい
想像性過度激動	自分の置かれた環境になじまず、空想の世界に浸り、現実での生活がおざなりになる可能性もある
知性過度激動	物事を論理的に理解しようとするので理屈っぽかったり、調べすぎて強迫的になったりすることもある
情動性過度激動	自分や他人の感情に敏感ゆえ、うつ病や心身症などの二次的な問題が表れやすいと考えられている

⋙ 過度激動は、強みでもあり弱みでもある

　これら5つの過度激動があると、通常の人の反応とは不釣り合いな状況を生み、強すぎると学習や社会生活で問題が出てくることもあります[7]。この過度な反応は、時に社会適応に対して不利に働いたりする一方で、強みがあることも見逃してはなりません。

　例えば、精神運動性過度激動が強い子どもは、環境からの刺激に対し過剰に衝動的に反応するため、落ち着きがなく、周囲を困らせ

る一方で、活動的で意欲的に取り組む面があります。感覚性過度激動は、感覚過敏や感覚回避等による日常生活の制約に目が行きがちですが、本人の快感情を刺激するようなものに着目することは、ギフテッドの子どもの趣味嗜好やストレスへの対処といった観点から重要と考えられます。

　想像性過度激動による空想癖や情動性過度激動による感情の起伏は集団での活動を難しくしますが、逆にギフテッドの中でもプロの芸術家は、この2つの過度激動が高く、創作活動に関わるとされます[25]。

　過度激動による反応は、ギフテッドの"好み（嗜好）"や"わがまま"ではありません。自分自身苦しいという青年もいます。むしろ、ストレスの原因となっている場合もあります。そのため、家庭や学校等で対応できる範囲はあるものの、本人も周囲も過度激動を理解しうまく付き合うための受容的な環境や働きかけが重要と言えます。ギフテッドの子どもの支援では、過度激動と発達段階、環境の調整から支援を考え、強みを生かした支援を行うことで子どもの成長を支える必要があります[7]。

≫≫ 敏感な感覚は、脳が過剰に反応する状態

　外からの情報は、目や耳などの五感と呼ばれている感覚器官で、受け取って脳に送られて意味のある情報として認知されます。この感覚情報の処理は、神経学的や心理学的な影響を受けるため、同じ光や音、皮膚感覚でも、人によって受け取り方はさまざまです。

　例えば、床の上に10円玉を落としたときを想像してみてください。どのくらいの高さから落とすかによって音の聞こえ方が変わります。10cmの高さから落とした場合の音は聞こえるけれど、3cmの高さのときは聞こえない場合、実際には音が生じているのですが、私た

ちの脳は反応しない強さ（大きさ）であるため、音が鳴っていない（聞こえない）ように脳が解釈するわけです。そして、稀に通常気づかない3cmの高さからの音に気づく人がいるわけです。そのような人たちは、神経学的な基準が低いため、弱い刺激にも脳が反応しますし、通常の強さの刺激にはより強調された形で脳が反応します。これが、環境からの刺激に対して過剰に反応する＝過敏という状態です。反対に、神経学的な基準が高く、より強い刺激でなければ脳が反応してくれない状態＝低登録（鈍麻）の人も存在します。

　脳神経は、すべての感覚情報に反応しているわけではなく、一定の強さの基準を超えた刺激だけに反応し、基準を超えない刺激には反応しません。その基準は「人それぞれ」です。感覚の処理には、イライラしているときや緊張など心の影響も受けます。こうした状態のときは、普段気にならないような小さな音が気になる、といった経験はあるのではないかと思います。

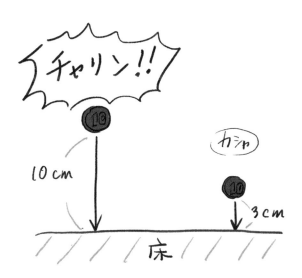

>>> 敏感な人(HSP)と、過度激動を持つギフテッドとの違い

　近年、日本では「敏感な人・繊細な人」というニュアンスでHSP/C(Highly Sensitive Person / Children)という言葉がブームになっています。HSPの土台となる概念は、環境感受性というもので、人間には環境からの刺激に対する脳の感受性の個人差があるとする考え方です。ギフテッドの子どもが示す「過度激動の刺激に対する過度な感受性や強い反応」という考えと似ている部分がありますが、厳密には異なり、精神運動性過度激動はほとんどのHSPに当てはまりません[26]。環境感受性は、環境からの影響を、ポジティブにもネガティブにも受けます。ネガティブな影響を受けた結果、強い緊張や不安を感じ、本来持っているポテンシャルを十分に発揮できずにいる場合もあるでしょう。ポジティブな影響を受けた場合は、周囲から多くのことを学び、社会適応上有利に働くでしょう。

　ギフテッドの子どもが全員HSPではなく、ギフテッドよりもHSPの子どもの方が多く存在します。高い知的発達を示すギフテッドで、過度激動の高さからHSPで言われているような特徴を示す人もいれば、生活に支障のない範囲で過度激動を示すギフテッドもいるでしょう。もちろん、通常の知的発達の範囲内の人でもHSPを示す人もいて、そのような場合がほとんどです。

　例えば、感覚性過度激動や情動性過度激動などは、環境感受性に位置づけられるかもしれません。知的発達と環境感受性という2つの次元で捉えたときに、知的発達と環境感受性の双方が高い水準を示す人の特徴を特に過度激動と表現している可能性もあります。一方で、HSPに当てはまらないとされる精神運動性過度激動の存在等もあり、今後の研究によって概念整理が進むことが期待されます。

>>> 特性を理解しておくことが大切

　ギフテッドの子どもや保護者、支援者にとって、過度激動や感覚過敏というラベリングが大切なのではありません。大切なことは、環境から受け取る情報への感覚や感情、行動といった反応の激しさによって、日常生活や人間関係に支障が生じることがあると理解することです。環境からの情報の受け取り方は個人個人の体験であるため、一般的な反応をギフテッドの子どもに疑似体験させることも、ギフテッドの過度激動を私たちが疑似体験することもできません。できることは、過度激動による困難を想像し、本人からニーズを聞き、対応について対話をすることです。過度激動を一般的な反応の枠組み内に落ち着くよう矯正することは難しく、またそのような対応も倫理的に問題があるでしょう。

　幼児期や学齢期には、周囲の子どもとは異なる質の反応を出しても問題になりにくい環境調整が必要でしょう。過度激動による問題が出やすい環境や情報から離れるといった現実的な対処方法を考えたり、実践したりすることも有効です。

　思春期以降では、過度激動と過度激動による生活上の困難について自己理解を深めることです。次のページのゆりすさんの手記にある一人反省会を行うのもいいでしょう。周囲の大人としては、本人なりの対処スキルや対処スキルを獲得する手助けとなる対話をする、そのような関わり方が大切と考えられます。

教室に「いる」だけで疲れてしまう。
副担任が話し合いの時間をつくってくれた。

　私の日課、"一人反省会"。その日に起こった出来事に対して
あの時こうすればよかった等反省したり、逆にあの時はこうし
てよかったと素直に自分を褒めてあげたりする会のことだ。み
んながそうとは限らないが、ギフテッドの子どもは、相手の気
持ちを無意識に察知してしまい、それに対して正義感が働いた
り、感情的になったりして疲れてしまう。私も、学校の教室に
入っただけで、無意識に周囲を見て生活をするから疲れてしま
う。おまけに感覚過敏という特質ももっているので、周囲の音
に耐えきれずに、教室を出て行かざるをえなくなってしまう。

　「気配り」、「気遣い」というのは、人間関係を築く上でキーワー
ドとなる。ギフテッドは繊細な面もあり、人の痛みなども読み
取れる一方、その繊細さによって、身体的にも肉体的にも疲弊
してしまう。

　ギフテッドとして生まれてくることによって、新鮮な感覚を味わえるが、ギフテッドにもギフテッドなりの苦難が多くあるのだ。

・得意不得意があるのを、わかってもらえない。

・感覚過敏を理解してもらえない。

・疲れやすい理由を甘えだと誤解されてしまう。

・正義感が強いことを否定されてしまう。　等々

　学校側にギフテッド特有の特性、その苦しさをわかってもらえず、否定された時には、苦しみは数倍になって返ってくる。中には、自分が悪いと感じ自分をひたすら責める人もいる。

　中1の時の担任と副担任の先生は、非常に理解ある先生で、特に副担任の先生についてはギフテッドの特性を承知しており、ギフテッド事情で困ったことはなんでも解決してくれるスーパー先生だった。そんな大好きだった先生が転勤になり、中2になったばかりの時、私は環境が変わったことにストレスを覚え、学活の時間に教室に入ることを拒否していた。とはいえ、入ることを拒否した授業は学活だけで、勉強系の教科の授業はきちんと出ていた。なぜ、学活の時間が嫌だったかというと、クラスの騒々しさ、生徒指導の教師が生徒を追い詰めるように叱る雰囲気が、私には耐えがたかったのだ。また、失礼な発言かもしれないが、学活の時間にも意味を見出せもしなかった。

　それのことをよく思わなかった副担任は、私の手を引っ張ってまで教室に入れようとした。これまでは、学校での生活のしにくさについては話し合いで解決していたので、副担任の行為はとても暴力的に感じられた。無理やり教室に入れられ、騒々しくて集中できなかった私は、中1の時にも使用していたノイズ

キャンセリングを装着した。すると、今度は生徒指導の先生が
やって来て、怖い顔で外せと言った。感覚過敏のことを説明し
ても、怒鳴られ、とにかく嫌で仕方がなかった。そんな状況下
で、私はストレスに対抗できずに自傷行為を犯したり、色々楽
になる方法を考えたりしていた。給食時間中、校内放送で流れ
る音楽や一部の男子の叫び声に我慢できず、音楽室に行き、大
好きなピアノを弾いて現実逃避をしたりもした。このような私
の数々の行動に対して心配をした副担任が放課後、話し合いの
ために時間を割いてくれた。その時に、思い切って色々な疑問
をぶつけてみた。なぜ勉強をしに学校に来ているのに、学活の
授業で、学校生活における目標を考えなくてはならないのか。
そして本当にそれは、自らの特質により教室に入ることが困難
な私にとって、必須なのかどうか、などと質問した。

　私が納得できる答えは得られなかったが、ノイズキャンセリ
ングの件については許可が下り、感覚過敏を理解してもらえた。
その時感じたことは、話し合うという作業が、お互いを理解す
るのに最も適しているということ。最初は理解してもらえなく
ても、自分の素直な気持ちを伝えることによって、両者が少し
ずつ歩み寄り、理解し合い、そこで初めて、よりよい人間関係
が生まれる例もある。今では、この副担任のことが大好きだ。

　ところで、生徒指導の先生は、自らが小学校でいじめの被害
者であったという体験を経て先生になったという方だ。しかし、
私はその先生の存在や徐々に追い詰めるような言動におびえ、
傷つけられている。先生自身の思いが強すぎたことで、生徒の
思いを聞くということがなされなかったからではないだろうか。
今、なぜ、私がこのことを記しているかというと、この先生を

非難するためではない。学校の先生や大人たちが起こす行動が、この先生のように無自覚に子どもを苦しめている可能性があるということを知ってほしいからだ。

　ギフテッドの特質が理解されるためには様々な方法があるが、やはり私は、お互いの率直な思いを伝え合い、お互いに自分なりに考えてみて、そしてまた伝え合い…という反復によって、信頼度、理解度、人間関係良好度が高まっていくものだと思う。

　学校という場が、生徒は放っておけば悪いことをする、大人の考えが正しく子どもは未熟だからその意見を聞く価値がないという考えを捨て、先生と生徒が対話し、よりよい学習環境、コミュニケーションの場となっていってほしいと思う。これは、私だけが望むことであろうか。じつは、多くの人がそうありたいと願っているのではないか。

「強み」と「弱み」を持つギフテッドとは？

片桐

配慮や支援が必要な時点で、ギフテッド

「はじめに」でも触れましたが、この本ではギフテッドを「高い知的能力を持ち、さまざまな潜在的可能性を秘めた、配慮や支援が必要な子ども」と定義します。この定義は曖昧です。私たちは才能の発掘ではなく、ギフテッド本人の教育的ニーズに応えるための関わりを行っているので、検査の数値や才能の有無を定義に盛り込むと、その定義ギリギリにいる子どもが配慮や支援からこぼれ落ちるかもしれません。それはどうしても避けたいのです。

ここまで読んで、うちの子どももギフテッドなのかわからない、とお考えの保護者の方も多いでしょう。「知能検査はしていないが、知的能力は高そう。でも学校にうまくなじめない」といった場合、ギフテッドかもと思われても実際はよくわからないかもしれません。

私の個人的な考えとしては、知的能力が高く、配慮や支援が必要な時点でギフテッドと考えてよいと思います。この配慮や支援は、弱みや困り感への配慮、支援だけではなく、強みへの配慮、支援も含みます。強みへの配慮、支援がないことで潜在的な才能や能力が埋もれたままになる、というのは大きな社会的損失でもありますし、何よりギフテッドの子ども自身の大好きなこと、興味のあることを続けることができない、またその可能性を少なくしてしまうことに繋がるかもしれません。ではどんな点において配慮、支援すべきなのでしょうか。全米ギフテッド協会では次の6つを挙げています。

>>> ギフテッドの子どもの心理的・行動的特徴

ギフテッドの子どもは、他の領域よりもいくつかの領域でより成熟しているので、本人のニーズが満たされない場合には、特定の種類の社会・情緒的困難さが高くなる可能性があります。

この特定の種類の社会・情緒的困難さとは、意識の高さ、不安、完璧主義、ストレス、仲間との関係の問題、アイデンティティや適合性などです。ギフテッドの子どもに関わる大人は、子どものニーズをよく把握し、社会・情緒的困難さから健康に導くためのしっかりとした枠組みをつくる手助けをする必要があります。

以下のことを、心に留めておいてください。

①ある分野で才能があっても、すべての分野で才能があるわけではありません。

②ギフテッドの子どもは、高い能力があるゆえに問題の兆候が隠されたり、誤解されたりすることがあります。

③すべてのギフテッドの子どもが同じ特性があるわけではなく、社会性や感情の現れ方が皆さん異なります。

④子どもの感情を保つための唯一無二の方法は、存在しません。

⑤ギフテッドの子どものストレスや不安を軽減するためには、保護者が模範として感情のバランスを維持し、方向性を示すことが求められます。

⑥私たちは、子どもたちに人生の浮き沈みに対処する方法を教え、手段を提供することができます。

—— (以上、全米ギフテッド協会HP[27) より抜粋)

すなわちギフテッドの子どもは、社会・情緒的困難さを示し、そのための配慮や支援が必要である、ということです。日本で出版されているギフテッド関連の書籍を読むと、ギフテッドの強みと同時にこうした社会・情緒的困難さが多く述べられています。

>>> ギフテッドと心の健康

　海外の研究を見てみると、ギフテッドの子どもは、注意欠如多動性障害（ADHD）に見られる衝動性、多動性、注意力の持続の困難さといった特性を示すことや[28,29]、自閉症スペクトラム障害のある子どもとギフテッドの子どもとの間にはいくつかの共通点が指摘されています[30]。そのほかにも、精神病理との関連を報告したもの[31]、子どもの時には、不安や自己批判的な特性、過敏さが見られるほか、動揺やイライラしやすく、青年期では抑うつが見られる[32]、イライラや多動性、攻撃性などの外在化問題が顕著[33]といったものがあります。

　過度激動はギフテッドの特性の一つであり、困り感と関係する問題ですが、認知能力や社会性、情動面の「非同期発達[用語5]」も困り感と関係します。ジェット機のエンジンの例のように、認知面や社会・情動面の大きな発達の偏りは、社会生活において脳に負荷をかけ、困り感や生きづらさとして現れてくることがあります。

　ですが、過度激動や非同期発達は見られるものの、これらの状態や特性をすべて示す子どもはほぼおらず、いくつかの状態や特性について当てはまるケースがほとんどです。つまり、ギフテッドは配慮や支援が必要な存在ではあるものの、悲観的になる必要はありません。

　ウォーレルらは、「ギフテッドの子どもは、悲劇的な例外を除いて、ギフテッドではない人と比べても社会的・情緒的な弱さはなく、より幸せで健康な大人になる可能性が高い」[34]と述べています。高い知能は、行動上の問題を抑えたり改善するような働きがあると考えられており[35]、学業成績およびモチベーション、自己効力感が高いようです[36]。多くのギフテッドの子どもは情緒面や行動面で苦労していないようですし[37]、高い知能そのものは心理社会的な側面でのwell-being（幸せ）を損なうものではありません[38]。

ギフテッドの強みを扱える環境

　強く指摘しておきたいのは、ギフテッドの子どもは、環境が適していれば自らの能力を発揮して適応的に行動できることです（この場合の環境は、人的環境も含みます）。環境感受性が強い子どもは、保護者や支援者がポジティブな環境を提供することで環境感受性が低い子どもよりも情緒的発達がよい、という報告もあります[39]。ギフテッドは良くも悪くも環境の変化に敏感なので、特に強みを引き出せる環境を整えてあげることで、情緒面での発達のみならず、知的能力の発達や成長が期待できるかもしれません。

　これまで述べてきたように、知的能力の高さは適応を悪化させるものではないですし、ギフテッドはサポーティブな環境であれば、精神的にも身体的にも健康に育ちます。ですが、私がお会いする多くのギフテッドのあるお子さんは困っています（実際、お子さんが困っていない場合もよく見られますが、保護者が困っています）。結局のところ、私たちが今いる（学校や生活）環境は、平均的な知的能力のある人向けにつくられた環境であって、ギフテッドの子どもにとって、特に日本の環境（特に学校の環境）はあまり適応的なものではないのかもしれません。なぜギフテッドの子どもが困り感を持つのかについて、2つほど触れておきます。

　1つは、ギフテッドの子どもには、発達障害の特性を少し多めにもっているか、やや強く持っている人がいます。または、過度激動、環境感受性が強いことから、こうした特性を持つギフテッドの子どもは、本人を取り巻く環境が悪化すると無理がかかり、頑張りすぎることで疲れてしまいます。それが、より悪化すると本人の精神面や身体面で脆弱な部分から問題として出てきてしまいます。これはギフテッドに限らずどの人にも言えることなのですが、ギフテッド

の子どもは誰よりも敏感に出てしまう、環境に何より敏感な子どもなのです。児童期、思春期のギフテッドの子どもは、強い感情を表出することがあります。実際のところ、冷静に振る舞いたくても感情の制御がうまくいかず、どうしてよいか本人も苦しんでおり、その点を周囲の大人は十分理解する必要があります。

　そしてもう1つは、ギフテッドの子どもは強みを持っていることです。強み自体は、社会で生きていく上で非常に強い武器となりますが、この強みが強すぎるため、逆に弱みも現われてくることがあります。まさに諸刃の剣です。切れすぎる刃は武器として大きな強みとなりえますが、それゆえ自分すら傷つけてしまうこともあります。ですが適切な環境で、上手に扱いを覚えると、非常に強力な武器になるのです。残念ながら日本の環境ではギフテッドの強みを上手に扱うことができる場が少ないのかもしれません。日本では、この「強み」は、配慮・支援すべきものであるという認識が、大人、特に学校の先生に十分ではないという印象を私は強く持っています。

≫≫≫ 「強み」への配慮で、「弱み」を克服する

　ギフテッドの強みへの配慮・支援とは、具体的にどういうことでしょうか。「強み」への配慮のポイントは、ずばり「強みを存分に発揮できる環境を保障する」ことです。極論を言えば、弱みばかりが目立つのは、強みが発揮できない環境にいるからで、それで「怠けている」、「我慢が足りない」などと言われると、ギフテッドの子どもは本当にしんどいのです。もう少し例を挙げて具体的に説明します。

　自分の興味のあるものに対する集中力がある、というのはギフテッドの子どもが多く示す強みの一つです。ですが、過集中になりすぎると、好きなものに熱中しすぎて、他のものが疎かになったりして、日常生活で困ったことが出てきます。こうした場合、保護者は存分に集中できる環境をつくる一方で、子どもへのお願い事ややってほしいことはその前後（できれば前、がベスト！）でやってもらうように、事前に話をつけておくことで解決できます。

　繊細で共感性が高いのもギフテッドの強みです。反面、他人の評価や感情が気になりすぎて深読みしてしまったり、過度に人に合わせようとして（過剰適応）、人間関係に疲れてしまうことがあります。この場合「気にするな」は禁句です。人間関係には、合う、合わない、どちらでもない、があります。合う人には素直に好意があることを相手に伝え、合わない人とは深い付き合いをしない、と決めて関わりましょう。ちなみに「合う」とは、一緒にいて疲れない、難しい課題や困難な状況で深く関わってもそれほど苦に感じない、ということです（人それぞれ「合う」の定義はありますが）。

　実際に「合う人」とは、具体的にどう付き合えばよいのでしょうか。自分の弱みや困っているところだけではなく、強みや得意なところをその人と共有してみましょう。相手の強み、弱みも知っておくことも大事です。その上で、対処法やどう「持ちつ持たれつ（ギブアン

ドテイク）」の関係をつくれるか話し合います。このプロセスは、自己理解がある程度進んだ段階で行うものです。もちろんこれらのことは、「合う人」だけではなく、どちらでもないクラスメートや先生と共有してもよいでしょう（「合わない人」とは共有する必要はありません）。農業で例えるのなら、何から何まで自分のところで作って、「自給自足」をする必要はありません。作物によって育ちやすい土壌や気候などが違うので、ミカンだけ作る農家もあれば、キャベツだけ作る農家や大根だけ作る農家があってもよいのです。それぞれの得意なところを生かし、採れない作物は融通し合えばよいのです。人を頼るのは悪いことではありません。ですが、頼ってばかりではなく、自分の強みや得意なところを生かして他者に貢献することで、人間関係は成り立っています。

　完璧主義や正義感が強いというのもギフテッドの素晴らしい側面です。ですが、時として頑固な面を見せ、柔軟な変更が利かないこともあるでしょう。他者の規則破りなどの行いが許せず、イライラしてしまうこともあると思います。端的に言うと、ほどほどがない、「100か0か」なのですが、この100も0も本人の主観的基準なので、親や周囲には理解できない場面も多くあります。配慮や支援を行う場合、「本人の基準」をどこまで理解し、周囲の基準と照らし合わせながら合意形成を両者で図っていくかがポイントとなります。

　ギフテッドは他の子どもにはない強みがある反面、それに対応する弱みもあります。強みは伸ばすことで、社会へ出たときに心強い武器となるでしょう。反面、弱みは社会生活での困り感に繋がる恐れがあり、社会的、情緒的な問題へと繋がりかねません。すなわち、私たちが関わる上で重要視しているのは、強みと弱みを理解し、強みを伸ばす配慮・支援をした上で、弱みにどう対応していくか、ということです。

≫≫ 自分が苦手なこと、できないことは諦める

　私の身の回りの研究者（特に優れた研究者）は、「強み」と「弱み」が極端です。私も集中しすぎて、時間を忘れたり、研究で頭がいっぱいだと他のものに気が回らず、忘れ物をよくして、事務の人に怒られます。でも社会生活が送れているのは、「対処行動」をとっているからです。他者を活用するというのも対処行動の一つです。例えば、秘書がいないと仕事のスケジュールはもちろん、事務手続きや身の回りの些細なことが何もできない、という人もいます。秘書がいるから、仕事も生活も特段不自由なく過ごせるわけです。つまり強みの部分を最大限に生かし、弱みの部分は対処行動（ものや人に頼る）ことで克服しているわけです。このように、高い能力を持っていて、「一見普通」に生活しているように見える人でも、他人の配慮や支援がなければ生活できない人は大勢います。子どもの場合は、秘書を雇うわけにはいかないので、親がある程度管理してあげる必要はあるでしょう。ただし、親も全てが全て管理できるわけではありませんし、すべてする必要もありません。

　対処行動は、自分自身で見つけられるといいのですが、幼児期や児童期では親や支援者が示してあげた方がよい場合が多いと思います。配慮すべき課題の半数かそれ以上は、親や支援者の気持ちをよそに本人自身、あまり困り感を感じないかもしれません。その場合、対処行動を進んで行いませんが、本人が困る場合は必要となってきます。例えば、忘れ物は本人が直接困るものです。持ち物は少ないに越したことはありません。それでも持っていったら、失くすし、忘れます。ですから、基本は持っていかない。必要であれば、使う場所に常備するか、その場所で現地調達する。どうしても持っていくのであれば、失くしてもよいものを持っていく。これが対処行動です。

>>> 「弱み」を否定しない生き方を選ぶ

　私たちは自立しているように見えて、全く「自分自身で立つ」ことができていないのです。多くの人は、他人に支えられて生きています。それを悪いこととか恥とは思わず、支えられている、ということを前提にして、支え、支えられていく生き方(ギブアンドテイクの人間関係)を積極的に選んでください。ちなみに私を含めて、配偶者がいないと明らかに一人では生きられないという人を大勢知っています。頼ることができる人を見つけるのも、適応するための重要な能力です。

　支援者としてギフテッドの子どもに関わる一番のコツは、子どもの強みの反面として弱みがある場合、その弱みを否定しないことです。例えば、日中空想に耽ってボーッとしているときには、指示されたことなどは頭に入ってきません。それで注意されても、子どもは困ってしまいます。「聞いていた？　聞いていなかったら、今からもう一度言うから、わかったら返事をしてね」と伝えてください。正義感が強く、他人の行いが許せない場合、本人の正しい考えを理解してあげつつ、保護者と一緒に解決策を考えましょう。楽しかったことなどを書き記し、嫌なことがあったら見て気持ちを落ち着けるノートを作ったり、逆に許せないことや不満を書き出すノートを作る(デスノートのように、過激なことを書いてもOKとします。同時に、決して誰にも見せてはいけないことは、伝えた方がよいでしょう)のも有効な対処行動です。

　ただし、例えば倫理的に許されない場合(動物を虐待するなど)や危険な行動(塩素系の洗剤を混ぜる、火気を使う、など)などは決して認めてはいけません。そのほか、大人から見て絶対に容認できないことは、断固として譲らず、わかるまで説明しましょう。

第2章

ギフテッド子育て
相談事例集

全国の保護者から寄せられた
ギフテッドの子育て相談から、
代表的なものをピックアップしました。

ギフテッド子育て
相談 事例集

Q1 先生に、**ギフテッド**であることは **伝える**べきですか？

学校の先生にギフテッドであることを伝えるべきでしょうか？ ギフテッドとは言わずに、私が息子に適していると思う関わりを、必要に応じて、伝えていくのが現実的かと考えていますが、いかがでしょうか？

息子が退屈に思う授業に耐えられず、歴史マンガを読んだり、机に突っ伏しているのを「ずるい」、「怠けている」と言われるのがつらいです。

ギフテッドは、「知的能力は高いが、
配慮や支援が必要な子ども」です。

ギフテッドは、「知的能力は高いが、配慮や支援が必要な子ども」です。保護者が、学校側に配慮や支援を求めることは、とても大切なことです。その際のポイントは、大きく3つあります。

1. 最初に「先生の授業が悪いのではない」と、伝える

学習の理解が他のお子さんと比べて早いので、授業が退屈になってしまうことがある、ということを最初に伝えましょう。「ずるい」と言う児童がいる時は、「みんな性格が違うように、学び方も人それぞれである」という共通理解を学級内に持ってもらえるよう相談をしてみましょう。

2. 授業の受け方などを、「子ども」「教師」「親」の3者で話し合う

「子どもは何がつらくて、何がしたいのか」、「教師は何ができて、何ができないか」、「保護者は、何ができるのか」といったことを、3者で具体的に話し合えるといいですね。

3. 「うまくいく方法」を、学校側と共有する

教師側としては、保護者から「気分がのらないとき、家ではこんな感じで伝える」、「感情が爆発したときは…」といった感じで、「うまくいく方法」を共有してもらえると助かると思います。学校側ができる配慮や支援の具体的な方法については、ギフテッド応援隊が、実例をまとめてくれています。

➡p.149 「学校でのサポートを受けているギフテッドは、全国にたくさんいる」へ

Q2 ちっとも**勉強**せず、何を考えているのか、わかりません。

 本人は、何となく「自分は、他の人と何かが違うようだ…」と感じているようです。保護者である私たちは、それを突き止める術がわかりません。結局、本人は勉強もせず毎日グダグダしているので、見ているのがつらいです。

 A 理解するヒントに、「過度激動」と「ギフテッドの強み・弱み」などがあります。

　学齢期に最も向き合うのが難しく、避けて通れないのが、勉強ではないでしょうか。勉強のモチベーションが上がらず集中力がすぐ切れることに悩んでいるギフテッドから、よく相談を受けます。また、ギフテッドは宿題に対しての拒絶ぶりが生半可でない子も多く、ギフテッド応援隊が対応法をまとめてくれています。

➡ p.159 「毎日の宿題がとてつもない負担に!」へ

　ギフテッドを理解するヒントとして、皆さんに、ぜひとも知っていただきたい知識の一つとして、過度激動という特性があります。

➡ p.28 ギフテッドの過度激動とは

　例えば、情動性過度激動は、自分自身の感情のコントロールが難しく、さまざまな感情の影響を受けやすいので、そこにエネルギーを使ってしまう人もいます。さすがに、それでは勉強どころではありません。知性過度激動は、時として学校の勉強の妨げになるかも

しれません。なぜなら、自分の興味のあることに没頭して、学校の勉強はどうしても後回し、ということがしばしば起きうるからです。

これは、「ギフテッドの強み・弱み」とも関連します。興味のあることに長時間集中できることは「強み」ではありますが、注意の配分が上手にできず勉強の余力を残せないのは「弱み」であるとも考えられるのです。このあたりも整理してありますのでご参照ください。

⟩ p.44 「強み」と「弱み」をもつギフテッドとは？

ここで紹介した「ギフテッドを理解するキーワード」をいくつか知っておくと、彼らを読み解きやすくなるのではないでしょうか？

また、次ページのように勉強を「本人の将来」と絡めることで、それが、勉強の動機になるかもしれません。ある子は、中学時代、大学のオープンキャンパスに出かけて刺激を受けたことで、自分と向き合っていました。

Q3 **興味のある分野**しか、勉強しません。

 子どもは、興味のある分野以外の勉強を頑なにしないタイプです。

 中学の教科について全く興味がわかないため(本人は物理学や高次元・多次元、宇宙工学などに興味がある)、教科の学習で楽しんでできるのは数学のみです。

 通信教育をしていて、それは能力に応じて、先に進めるようになっており、本人は、むしろそちらを楽しみにしています。

 A **好きなものを大事**にしつつ、
周辺領域に目が行く**工夫**を!

　基本的には、本人の好きなものをやらせてください。小学生くらいまでであれば、興味のある分野しか勉強しない場合でも、結構だと思います。ただ、本人の興味が偏りすぎている場合は、思いっきり外で遊ばせたり、子ども時代にしか味わえない経験をさせるなど、親がバランスを調整してあげられるといいですね。

　中学生くらいになったら、「自分に何の勉強が必要か」というのを本人の夢から逆算して話してみましょう。好き・嫌いが、比較的はっきりとしているギフテッドは、嫌いな科目を無理に勉強させると、勉強嫌いになってしまうこともあります。「5教科をまんべんなく勉強させる」というよりも、むしろ得意教科を積極的に伸ばして、勉強へのモチベーションを維持する方が得策だと感じます。

　私(片桐)自身の経験も、お話ししましょう。私の場合は、好きな

研究を続けるために英語の論文を読んだり書いたりする必要があり、苦手だった英語を避けて通れませんでした。下記の図では、①のように自分が関心のある領域を掘り進んでいくと、そのうち②のように固い石（限界）にぶつかります。この限界を突破するには、③のようにスコップで硬い岩を取り除く必要がありますが、周辺領域も一緒に掘らないと取り出せません。つまり、好きなことを極めるのであれば、周辺領域にも関心を広げ、身につけておく必要があるのです。

➡ p.100 育ちの鍵は

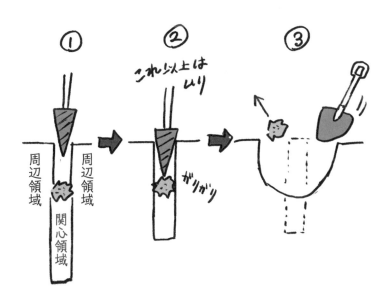

Q4 子どもが**不登校、別室登校、支援学級在籍**です。

先生は、「子どもは行事が好き」と思い込んでいます。不登校中も、音楽会や運動会、修学旅行のお誘いを何度も受けることが苦痛でした。無理やり行かせた修学旅行は1年たっても「一生後悔する」と言っていましたし、「成人式も意味がないから行かない」と。

A 世の中には、**多様な価値観**の人がいることを知る。

　同じような質問を子どもから受け、私は、「行事や部活が楽しかったから教員を目指す人は一定数いる。自分と同じような体験をすることが、子どもにとっての幸せだと思っている人もいる」という話を

学校の中を見渡せば、多様な子がいる！

しました。当然、子どもと教員の価値観が合わないこともあるでしょう。

　その子とは、「価値観を含めての多様性の話である」といった話をしました。本人の考えを尊重しつつ、世の中には自分と違う価値観を持っている人がいることを伝えられればよいと思います。私（小泉）も成人式は意味を感じず、行っていません。共感できます。

支援学級在籍でしたが、居場所になったかは疑問です。学校に行ける方法を探るか、学校に行かない生活を充実させるか、迷います。

A じっくりと、話を聞いてあげることが大事です。

　通学するには目的が大事だと思います。ある子は、図書室で寝て本を読んでいるくらいなら、行く必要はないと言っていました。ギフテッドが、「特別な教育的ニーズを持つ子である」という視点からは、支援学級の利用もありだと思います。子どもは、「保護者は自分のことを理解しているが、言葉の端々から、『学校に通ってほしい』という想いが伝わってくる」という話をしていました。共感性の高い子ほど、無理をして学校に通って心が疲弊してしまいます。

　なかなか本音は言わないと思いますが、じっくり話を聞いてあげることが大事です。学校に行くことが目的ではなく、子どもが楽しく学べることが目的です。当然、一人ひとり対応が異なります。何よりも子どもの心が萎んでぺちゃんこになる前に、ですね。私(小泉)のギフテッドの居場所づくりの実践記録にも目を通してみてください。

⇒ p.202　ギフテッドの個性を伸ばすギフ寺の実践

Q5 学校に行かないと、**社会性**は
身につかないのでしょうか？

「勉強は学校じゃなくても学べるが、社会性が身につかない」
と学校復帰を促されたことがあります。習い事やフリース
クール、ネットでの交流などがあり、学校だけがすべてでは
ないのにと思っています。

A 安心安全な場が、社会性を育みます。

　社会性とは、特定のスキルを指すのではなく、人と人との繋がり
やコミュニケーションであって、それらは心地よい関係性から生ま
れてくるものです（例えば、先生に認められたいとか、友だちとの
良好な関係をつくりたい、など）。

　学校は行けるのであれば行った方がよいですし、親の負担も考え
ると登校する方が望ましいのは間違いないです。けれども、もし、
子どもに登校しぶりがあるようなら、保護者は、「今、通わせたいと
思っている学校は、この子にとって、安心安全な場なのか？」とい
うことを、一度、立ち止まって考えてみてほしいと思います。

　その子にとって、安心安全な場が、社会性を育てる場になります。
もし学校で安心安全が保障されていないのであれば、命や心をすり
減らして行くところではありません。現状の公教育では、残念なが
ら、まだまだ一人ひとりの子どもに合った環境での学びの保障があ
るわけではないのが、現実なのではないでしょうか？

　子どもの社会性を育てるために、その子自身が安心安全だと感じ
る場を大人が保障できるといいですね。この本の最後に触れていま

すが、これからは、学校であれ、フリースクールであれ、「子ども一人ひとりには、Learning Diversity（学びの多様性）があり、それが尊重されることが当たり前である」という感覚が大切です。

　インクルーシブ教育が叫ばれて久しいですが、ギフテッドの子どもたちは、支援や配慮が必要なのに、インクルーシブ教育の枠組みからこぼれ落ちてしまっている子どもたちです。彼らが育つのに必要な環境を大人が整えることができれば、ギフテッドの社会性は豊かに育つことでしょう。

　「ギフテッドの子どもたちが安心して楽しく学べる学校の実現こそが、インクルーシブ社会形成の試金石」となるのではないでしょうか。

p.214 ギフテッドのこれから

ゲームやインターネットばかりしています。

 宿題や勉強は全くせず、暇さえあればゲームやネットをしています。何度、注意しても一向に変わりません。どうすればいいでしょうか？

 親子で話し合って**ルールを決め**、ルールは、**自律を促すきっかけ**と考える。

　ゲームやインターネットは、保護者からよく相談を受ける事柄です。ギフテッドはゲームが大好きなので、時間を忘れてのめり込んだり、他のものがそっちのけになったりすることがよくあります。

　知的能力が高くても、精神的にはまだまだ子どもです。楽しいことをする際には、行動の制御を覚えていくためにもルールは必要です。ルールについて、ポイントを大きく4つに分けてみました。

ルールについての4つのポイント

1. ルールは守るのが目的ではなく、自律を促すのが目的。
2. 親と子ども双方が理解できる言葉でルールを作り、両者が納得し、合意して決める。
3. 時間制限は必要だが、その上で「ゲームを切り上げる目途」を工夫する。
4. 厳しいペナルティは設定しない。ペナルティの種類や発動条件は、あらかじめ子どもと相談しておく。

1. ルールは守るのが目的ではなく、自律を促すのが目的

　ルールを設ける目的は、ゲームやネットを制限したり、勉強をさせることではなく、「ルールを知り、自分を制御する力（自律する力）を身につける」です。ゲームやネットは、この目的を達成するための「よいきっかけ」くらいに捉えておくとよいと思います。

2. 親と子の双方が納得し、合意できるルールを作る

　ルールを親子で一緒に考え、双方が納得し、合意しましょう。その際、一般常識として許されない行為も併せて確認しておきます。（チャットや掲示板などで人を傷つけることを書き込む、ゲーム機を盗む、壊す、セーブデータを消す、嘘をつく、など）。原則、ゲーム機やスマホ、タブレットなどは親の所有物とした方が親にとってルール作りがスムーズでしょう。決めたルールが守れなくても親は決して叱らずに、決めたルールを再確認しましょう。

3. 「ゲームを切り上げる目途」を工夫する

　私(片桐)は、ゲームが大好きです。ゲーム好きな方なら理解していただけると思いますが、時間を忘れてしまったり、時間内にセーブポイントまでたどり着けずセーブができなかったり、ボス戦に突入して切りが悪い、まだ試合が終わっていない、など時間制限はなかなか守れず、決めた時間をオーバーしてしまうこともよくあります。

　ルールの一つとして制限時間は決めておいた方がよいですが、厳密に区切るのではなく、時間が近づいたら「次のセーブポイントまでね」とか、「この試合終わったらやめようね」といったように終了の声かけをする一つの目安にしましょう。吉川も著書で述べていますが、あくまでも「目標はゲームの時間を短くすることではなく、時間を自律的にコントロール出来るようになること」です[40]。

　ギフテッドの子どもが大好きなマインクラフトなど作り込み系のゲームは、区切りが難しいので、始まる前に、「今日はどこまでやるか」を、お子さんと話し合っておきましょう。

4. ペナルティの種類や発動条件は、あらかじめ子どもと相談しておく

　大人でも、ルールを最初から完璧に守るのは難しいです。けれども、ルールはルールとして原則は守ることを約束しましょう。

　ゲームを始める際には、3.でお話ししたような「ゲームを切り上げる目途」を事前に相談して決める、というルールを作ってもよいかと思います。制限時間を設けた場合、数分程度オーバーしたくらいであれば「次回は、守ってね」くらいにしておいてほしいと思います。

　ペナルティについては賛否があると思いますが、私はあってもよいと思います。ただし、厳しすぎるペナルティ(例えば、没収、二度とやらせない、長期間の使用禁止、など)は、お勧めしません。厳しすぎるペナルティを実施することで、子どもは暴力や怒り、か

んしゃくを親に向け、隠れてゲームをする、ルールを無視するように
なる、などが見られることがあります。子ども自身がペナルティ
について必要性を理解することが大事です。

　ルールを破ってしまった場合、一定の事情を聞いて、場合によっ
てはくみ取ることも必要です。親が聞く耳を持たずにペナルティを
発動してはいけません。「聞く耳を持つ」という姿勢を崩さず、子ど
もにも親は「話せばわかる相手だ」と思わせることが大事です。

　まだセルフモニタリングやセルフマネージメントができない幼児
期、児童期は、できれば親と一緒にゲームを楽しみ、時間通り一緒
にやめてみましょう。ルールが守れたら、守れたことを褒めてあげ
ましょう。そのあと、一緒にゲーム以外の遊びをするのがベストで
すが、お風呂や夕食などゲームをやめた直後に入れるのもよいと思
います。ゲームやネット以外での時間の有効な使い方を教える、と
いうのも大事なことです。

Q7 ギフテッドは、結局、 発達障害の一種なのでしょうか?

 息子は、自閉症スペクトラム障害の診断を受けています が、家では、ごく普通です。こんな息子でも、発達障害 なのでしょうか?

 ## A ギフテッドと発達障害は、 分けて考えてください。

　ギフテッドの中に、「発達障害の特性」を持っている人はいますが、 はっきり分けて考えてください。発達障害という側面で考えると、 ギフテッドの子どもは以下の4パターンに分かれます。

1)発達障害を併存している(2E)
2)発達障害の特性を持っているが、診断基準の一部しか満たさない
3)発達障害の特性と間違われる特徴を持っている
4)発達障害の特性が少ない(目立たない)

　「発達障害の特性がない」という人は、ギフテッドでない人でも、 ほとんどいないでしょう。通常、何らかの発達障害の特性は、どの 人にもあります。問題はその「強さ」と「多さ」、「一貫性」です。
　2)は、特性の「強さ」や「多さ」が際立っていて、それに引っ張ら れる形で発達障害と間違われることがあると思います。ですが、診 断されるには複数の診断項目を、基準より多く満たしている必要が あります。1つ2つ満たしていても発達障害とは診断されません。

　一貫性については、3）の「発達障害の特性と間違われる特徴を持っている」と関係します。例えば、学校では人との関わりをあまり持とうとしない子も、学校以外の場面では普通に関わることができたり、社交的に振る舞うことができたりします。自閉症スペクトラム障害の場合、社会的関係での問題やそれらの関連症状は一貫し、かつ持続して現れます。相談現場では、自閉症スペクトラム障害の診断を受けていても、社会性が十分に備わっているギフテッドの子どもと多くお会いします。

　もちろん、1）のように発達障害が併存しているギフテッドの子どもいます。例えば書字障害などが見られる場合は、ギフテッドの特性を生かしつつ、書字障害に対する配慮や支援を行う必要があります。結論としては、1）以外は発達障害とは言えないでしょう。間違えられてしまう要因については、第6章にまとめてあります。

➡ p.177　「第6章　ギフテッドと発達障害」へ

ギフテッドであることを**本人**に対して、
どう伝えればよいでしょうか？

 ギフテッドであることを本人に伝えるときに、どんな伝え方をするのがよいのでしょうか？

 本人への特性の告知は、
難しい問題の一つです。

告知をする際のポイントを、大きく3つに分けてお伝えします。

1. 親子で子どもの強み・弱みを、一緒に話し合ってみる

まずは、親子でお子さんの強み、弱みを、一緒に話し合ってみるとよいでしょう。以下のような声かけを試してみてはいかがでしょうか？ 「あなたの得意なところは、○○なんだ。それはすごいことだし、あなたの強みだよ。でも、△△のような困ったことが起きてしまう。だから、△△にならないようにどうしようか」、「知的能力が高いことはすごいことだけれども、それは誰かより優れているといったこととは、別の話だよ。人間の素晴らしさは、知能では測れないものなんだ」。強みと弱みはコインの裏返しであり、弱みがあるからといって悪いわけではなく、強みがあるからといって誰よりも優れているわけではないことを、上手に伝えられるとよいでしょう。

2. 知能検査の結果の伝え方は、慎重に

知能検査の結果の伝え方は、非常に悩ましい問題かと思います。誤解を招かずに伝えるためには、子どもが一定の年齢(理解できる知識や言語能力、精神的な成熟)に達するまで難しいかもしれません。

　結果を伝えるのは、医師もしくはギフテッドに理解があり、知能検査の結果を説明できる心理師にお任せするのがよいと思います。まずは、実際にギフテッドの子を育てた経験をお持ちの保護者などに相談してみるのもよいかと思います。

3. あなたは悪くはないし、誰も悪くはないことを強調する

　ギフテッドの子どもの中には、2Eのお子さんもいます。もし発達障害がある場合、本人へのカミングアウトはタイミングも含めて医師と相談の上、決めましょう。発達障害があると知らされると落ち込んだり、自分が悪い、と思う人もいるかもしれません。

　「診断があろうがなかろうが、お父さん、お母さんの愛すべき存在であることは何も変わりません」と、伝えてみてください。

片桐正敏 ✕ 楢戸ひかる

強みと弱みは表裏一体

楢戸 「Q8のギフテッドであることの告知」、子どもを持つ親として、他人事ではありません。自己理解がスムーズにいくことを願います。

片桐 自己理解は難しいですが、とても重要です。

楢戸 本作りをしながらギフテッドのことが、だんだん見えてきました。そして、思うのです。私はライターとして、20年以上取材をしてきましたが、社会に貢献している人たちは、ギフテッドの特性がある人が多い気がします。

片桐 社会に貢献している人たちが、「子どもの頃は、先生によく注意されていたり、困り感を抱えていた」という話はよく聞きます。そういった人たちが今あるのは、「周囲に本人の特性を理解してくれる大人がいた」という側面は、見逃せません。

特性〜「強み」と「弱み」〜は、コインの裏表です。本人や周りが、特性をどう受け止めるかが、大切なのです。

次ページからは、ギフテッドの特性を「ネガティブ」から「ポジティブ」に言い換えしてみました。日本の公教育の中だと、ネガティブな側面ばかりに目が行きがちですが、ポジティブな側面や強みを伸ばすのも、教育の重要な役割です。

楢戸 子どもの頃は周囲の大人が、大人になったら自分が、意識して、「ネガティブ」を「ポジティブ」に言い換えることが必要ですね。

片桐 特性のポジティブな側面にフォーカスすること、その意識から出る肯定的な言葉がけは、とても大切だと思います。欧米では、ギフテッドの子を社会で育てて、その恩恵をみんなで享受していこうという考え方もあるのです。

ギフテッドの自己理解

ネガ ポジ 言い換え

ギフテッドは非常に多くの強みやポジティブな側面を持っています。ギフテッドの子と関わるとき、「こういった未来もあるのかも？」という時間軸までイメージしながら、その子の「強み」に、積極的に目を向け、肯定的な言葉がけができるとよいですね。

1 ルーチンワークが苦手

ドリル学習のようなルーチンワークが嫌い（覚えているのに、なぜ書き取りや計算をしなければいけないのか理解できない）。

/change/

> 新しい情報を素早く処理する。優れた記憶力を発揮する。
>
> ・学習能力の高さ。専門領域の深化。

興味のあることしかしない

学校の授業ペースがじれったく、きちんと聞かない(授業の最初で、結論がわかってしまう)。

興味のないものは、やろうとしない(意味を見出せない)。興味関心がいきすぎてしまい、日常生活そっちのけで没頭してしまう。他人にも同じであることを求める。没頭すると、周りが見えなくなる。邪魔されると、激しく怒る。自分の興味で頭が支配されて、日常生活での忘れ物が多い。

> ### 好きなものへの探究心、集中力が凄まじくある。
>
> - モノづくりなど、粘り強く取り組んで成果を上げる。

3 完璧主義

完璧を求めるため、細部にこだわる。中途半端にできず、結果的にやるかやらないかどちらかになってしまう（遅刻してしまうくらいだったら、学校に行かない、など）。

興味が続いている状態だと完璧を求めて行動がエスカレートしてしまうが、興味を失ったり次の興味のあるものを見つけると、そちらにかかりっきりになって前のものを放り出してしまう（時には高価なものを買ってわずかしか使わない、ということも）。

頑固、柔軟な変更が利かない。決められた予定を変更されると、パニックになる。

他者の理不尽な行いが許せず、人に指摘することでその人や所属している組織から敬遠される可能性がある。

/change/

> 完璧主義。レベルの高いものを仕上げる。
> ルールに敏感で、正義感が強い。
>
> ● 質の高いものを作ったり、やり遂げることができる。
> 　不正を正すことができる。実直な性格として信頼される。

4 同年齢の子どもと会話がかみ合わない

　難しい話をするので、同年齢の子どもと会話がかみ合わない。難しすぎて話が退屈。大人でも構わず、言葉で言い負かしてしまう。気難しいと思われる。正論で的を射ているのだが、正論ばかりぶつけるので、相手をイラつかせてしまう。理屈っぽくて煙たがられる。非合理的なことは嫌がる。

change

言語能力が高い。
豊富な語彙量が
ある。

・弁が立つ。
　スピーチがうまい。

分析的、
批判的思考力が
長けている。
合理的。

5　多動、衝動性

　実験的なことをして、周囲を困らせる。生き物を解剖したり、機械を分解して仕組みを調べたりする。

　興味が変わりやすくすぐに投げ出してしまう。散漫でまとまりがないと思われる。

　たくさんのことに手をつけて、自分のキャパシティ以上のことをやろうとする。

/change/

> 好奇心が旺盛。

> 行動力がある。

6　過剰適応

　細かいところが気になって集中できないことがある。心配性。他人の評価や感情が気になりすぎて深読みし、疲れてしまう。過度に人に合わせようとする（過剰適応）。

/change/

> 繊細、共感性が高い。

7 空想にふける

　ボーッとして、他人が話をしても話の内容が入っていないことがある。人といるときでも自分の世界に入り込んでしまうことがある。想像を膨らませて楽しいことを考えているときは、邪魔されるのを嫌がる。

> 想像力が豊か。
> 発想力がある。

8 激しい感情

　怒りっぽい。かんしゃく持ち。
　関心のあるものへ没頭しすぎて、他のものに手が回らなくなる。

> 情熱家。
> エネルギッシュ。

当事者同士が語り合える場の大切さ
―成人当事者会を立ち上げた、大学生の思い

　私が現在行っている活動は、月に1回のオンライン当事者会です。全国各地からさまざまな年齢、さまざまな立場の方が参加してくださいます。多くの方々との対話を重ねる中で感じた当事者会の意義について、2つのことをお伝えしたいと思います。

　1つは、自分自身と向き合う機会ができたこと。

　自分と向き合うという作業は、やってみると想像以上に怖さを伴います。何となくでしか見てこなかった自身の輪郭（特性、長所や短所など）をはっきりと浮き上がらせていく行為であるからです。だからといって、自己理解を深めずにもやもやと日々を過ごしていくのも、それはそれで苦しいものです。仲間と思いを共有できる場であれば、目をそらすことなく、よりポジティブな気持ちで自分自身を受け止めることができます。

もう1つは、何でも気兼ねなく話せる仲間ができたこと。

　子どもの頃の私は、学校で「よくできる子」ととらえられることが多かった気がします。放っておいても大丈夫と思われたのか、先生たちにきちんと目を向けてもらった記憶はあまりありません。でもやっぱり心の中はまだ子どもで、自身の感情をどうコントロールしていいのかと困ることがたくさんありました。それなのに、しっかりした子、大人っぽい子とみられているせいで、私はなかなか「助けて」と言えませんでした。友だちとの間においても、家族との間においても、それは同様でした。

　「できること」を自慢と受けとられるのが怖くて、なるべく目立たないように気をつかい、その中で生じるさまざまな困り感はなかなか周囲に理解してもらえませんでした。結果的に私はその多くを自分で抱え込んで生きてきたと思います。

　一方、当事者会のような、自分に近しい枠組みをもつ人々とのコミュニティでは、「理解されないかもしれない」という恐怖心が緩和されます。できることもできないことも含めて、気兼ねなく話すことができる場の存在は、非常に安心感を与えてくれます。

　すでに大人になった私たちも、心の内にとどめてきた自分の思いを語り合える場で、多くの気づきをもらっています。みなさんもぜひ、安心できる仲間を見つけてください。そのつながりに、救われることもあると思います。

第 **3** 章

ギフテッドの育ち

ギフテッドの育ちの概要を知り、

"心づもり"をしておくことは、

ひとつの安心材料になるのではないでしょうか?

幼児期・児童期の ギフテッドの育ち

片桐

　このセクションでは、ギフテッドの子どもの幼児期から学齢期にかけて見られる行動的特徴と関わる際のポイントを紹介します。

ひときわ目立つ存在の幼児期

　ギフテッドの子どもは、幼児期においてひときわ目立つ存在です。言葉をどんどん吸収していくので、こんな言葉が使えるんだ、と発達の早さに気づくことが多いように思います。就学前くらいになると、大人が使うような言葉を言うこともしばしばあるので、びっくりすることもよくあります。

　他の子どもよりも発達は早いように感じますが、情緒的には年齢相応か、むしろ幼いと感じることもあります。言うことを聞かなかったり、自分の要求が通らなかったりすると泣いたりわめいたり…。指しゃぶりや爪かみなども幼児期から学齢期以降まで残っていることもあります。ギフテッドの子どもは、幼児期は普通に子どもらしい一面もあり、大人っぽい一面もあります。

　全般的な幼児期の特徴として、知的能力が高いので、問題が隠れてしまったり、それほど問題行動が目立たない、ということはあるでしょう。加えて、親や保育士、幼稚園の先生が比較的丁寧に関わってくれるので、忘れ物などがあったとしても本人の責任として怒られたりすることもないでしょう。一般的に、学齢期のように問題になることは少ないかと思います。ただし、いたずらのようなも

のが多かったり、いろいろ実験的なことをしたりするので、困った行動が起こった場合は、むしろしつけをするよいタイミングとなります。

遊び

とある幼稚園に行くと、一人で砂遊びをしている男の子がいました。かなりの時間をかけて、お城のようなものを砂で作っていました。その想像力は目を見張るものがあり、周囲の幼児は「すごいね」と言いますが、本人は何がすごいのかはピンときていない様子でした。

自閉症スペクトラム障害の特徴として「一人遊びを好む」というものがありますが、彼は好んで一人遊びをしているのでしょうか。観察すると、どうもそうではないようです。

ギフテッドの幼児の場合、このように一人で遊んでいる場面をよく見かけます。どうも本人が他の幼児と関われないから一人遊びをしているのではなく、他の幼児がギフテッドの幼児と関われない、ギフテッドの幼児も入っていくのを遠慮している、そんな雰囲気なのです。ある子は、宇宙の図鑑を貪るように読み、またある子は、ひたすら難しい工作をしていました。並外れた集中力と没入、やっていることのレベルが高くて周りの子どもがついていけないのではないかと感じました。そのほかにも、友だちが欲しいと思っても過去の嫌な経験が邪魔をしたり、もう少し成長すると、他人の感情を必要以上に意識して疲れてしまうこともあります。

工作が大好きなギフテッドの子どもも多いです。段ボールでお城を作る、飛行機を作るといった遊びなどはよく見られますが、厄介なのは実験を伴うものをしたり、ものをバラバラに分解して、中身を確かめたりするので、修復が不可能でよく壊れてしまいます。

言語発達

　幼児期のギフテッドの子どもは、かなり口達者です。とはいえ、幼児の語彙力はたかが知れていますので、難解で複雑な言葉は使いこなせませんが、意味がよくわからず難しい言葉を話すことがあります。おそらく、本やテレビ、親の会話などを聞いて覚えたのでしょう。子どもとは思えないような単語や言葉を使うことがあり、話が合わない、遊びがあわない、といったことがよくあります。児童期になると、本などでどんどん語彙力を増やしていき、大人顔負けの難しい言葉を使うことがあります。本人は大人並みの語彙力を持ち、それを使うことに対して不自然だと思っていないので、同年齢の子どもと話が合わなくなることもあります。

　ある子どもは、1歳半の時にたまたま英語の番組を集中してみていたので、それから英語のDVDなどをどんどん見せたそうです。その結果、日本語よりも英語の力が上回ってしまいました。幼稚園では英語教育に熱心なところに通うことにしましたが、日本語はあまり使わないため、他の幼児とは会話が合わず、一人で英語の本を読んでいます。私が「どんなアニメ見るの？」と聞いたところ「アニメって何？」と聞かれたので、「カトゥーンのことだよ」と私が言うと、見事にそのギフテッドの子どもに発音を直されました。お恥ずかしい限りです。

　ギフテッドのお子さんと一緒にいると、大人に質問をよくしてきます。「水や空気は透明なのに、なぜ青く見えるの？」と質問をされたら、「それは光に含まれている青色が空気中で乱反射して…」と説明すると、「乱反射って何？」と語彙の説明もしなくてはなりません。この調子で質問ばかりしてきますので、大人は結構やりとりが面倒になってくることもあるでしょう。

　幼児期で気をつけてほしいのは、親や保育士、幼稚園の先生が用いる言葉です。ギフテッドの子どもにとって言葉は、乾いたスポンジが水を吸うように、どんどん吸収します。テレビや映画、インターネットのほか、大人のちょっとした立ち話のようなものからも言葉を聞き取り、良い言葉も悪い言葉も、誤った言葉もどんどん覚えていきます。さらに本人に向けられた悪口や他者同士の言い争いなども敏感に反応し、細かく覚えています。幼児では見られないような抑うつ症状や自殺願望などが言葉として出てくるケースもあり、子どもの発言にも注意が必要です。子ども同士の関わりについても、遊びや興味が合わないため、どうしても一人で遊んだり、本を読む時間が多くなるかもしれません。この部分だけ切り取られて、ギフテッドの子どもが自閉症スペクトラム障害と間違われることもあります。

多動、衝動性、不注意特性

　ギフテッドの子どもは、精神運動性の過度激動を示すことから、多動や衝動的な特性が見られることがあります。多動・衝動性は、ADHDの場合覚醒レベルを上げるための、いわゆる代償戦略でもあることが以前から指摘されています[41]。ギフテッドの子どもも同様に覚醒レベルを上げる、つまり脳に刺激を取り入れて活性化させているのかもしれません。例えば、特定の刺激を求めるために、最初に触れた指しゃぶりや爪かみのほかにも、ものをかじったり、特定の匂いが好きだったり、トランポリンが好きといった、感覚探求行動が見られることがあります。衝動性についても、本人の興味がたくさんあって、思いついたことを片っ端からやっていかないと気がすまない、といった刺激をどんどん取り込む行動をとります。

　実は、体を動かすことは認知機能にプラスに働きます。複数の研究から、認知評価の前に運動活動が行われた場合だけでなく、認知操作中に運動活動が継続して行われた場合にも、運動活動の増加が認知機能にプラスに働くことが知られています[42,43]。特に高い知能を持つ人では、多動は適応上不利ではない可能性を指摘している研究者もいます[44]。多動や衝動性は、裏を返せば「積極性」、「行動力」、「探究力」、「決断力」といった「強み」としての側面も多くあります。

　興味のあるものに対する注意、集中力は幼児の頃から見られます。そのため、あまり多動が目立たないこともあるかもしれません。ですが、この集中力はしばしば裏目に出ます。話しかけて、本人が返事をしても覚えていないことがよくあります。返事すらしてくれないこともあります。自分の好きなことに没入しているので、時間を忘れるし、忘れ物もよくします。忘れ物や失くし物がこの時期から見られますが、幼稚園の準備などは親がやってしまったり、チェッ

クすることが多いので、目立たないかもしれません。

　幼児期は保育園、幼稚園の送り迎えを親がするので気づかないでしょうが、一人で登下校をする学齢期になると、思わぬ裏道を発見して塀をよじ登ってどこかへ行ったり、面白そうなものを見つけて道草をし、その結果、時間を忘れてよく遅刻したりします。親がGPSを持たせると、それを植木の下に隠したり、弟のカバンにこっそり入れたりと、なかなかあの手この手を考えますが、隠しても自分の現在位置が特定されないだけで、隠したことはばれてしまいます。子どもらしい、詰めの甘いところがあります。

　これらの興味関心への没入は、幼児期や学齢期のお子さんでは、特に興味のないことは注意を向けていなかったり、すぐに忘れてしまって、興味のある方へ注意が引きつけられてしまったりすることがよく見られます。ボーッとしている場面も、見かけることもあります。その場合、一見聞いているように見えて話が入っていないので、面倒ですが確認が必要です。ボーッとしているギフテッドの子どもに対して、私が何を考えているのか聞いてみたところ「自分で妄想を膨らませて、頭の中で楽しんでいる」と答えてくれたお子さんがいました。驚くことに、退屈することなく何十分も考えていられるようです。ボーッとしているのが楽しいようです。

　お子さんと関わる際には、不注意もさまざまなレベルがあることにも留意しましょう。最初に述べたように、過集中、没入して他のものに注意を振り分けられない場合、白昼夢を見ているような場合や興味関心が持てずに注意がそれている場合、他のものに関心が移ってしまって、目の前のものに注意を向けられない場合などです。特に不安が強い場合、注意を維持するのが難しいことがあります。次に述べる感覚の問題も、注意に影響を与える要因となります。

感覚特性

　感覚性過度激動の関係で、**感覚過敏（刺激に敏感であること）や感覚探求（特定の刺激を求めること）といった感覚の特異性も幼児期からすでに見られます**。感覚過敏は、他人には理解されづらいものですし、本人もなぜ自分が不快なのか、イライラするのか、落ち着かないのか、理解できなかったり、言語化できず、訴えられず我慢していたり、時にはイライラとなって現れます。**感覚過敏は、放置しておくと精神的な負担を強いることになるので、早めに気づいてあげる必要があります**。具体的には過敏の元を取り除くか、そこから離れるとよいでしょう。

　一方、**特定の刺激を求めることは、それ自体は悪いことではありません**。先ほど述べた、指しゃぶりや、爪、鉛筆をかんだり、紙などを口に入れる、といった探求行動は、就学後もしばらく続くことがあります。これらは自閉症スペクトラム障害にも見られる行動なのですが、実際は定型発達の子どもにもよく見られます。大人によく見られるのがペン回しですが、こうした感覚探求行動は、通常多かれ少なかれ誰にもあります。

　問題は、こうした探求行動をどこまで認めて、どこからは禁止するかです。やはり指しゃぶりは大きくなったらみっともないので、禁止したいところですが、**幼児期に無理に禁止すると、別な探求行動が出現してしまうことがあります**。探求行動は、本人にとっては環境に適応するための適応行動でもあるのです。危険な行動や自分を傷つける行動は直ちに禁止する必要がありますが、その際適応的な別な探求行動に置き換えていくようにしましょう。次ページに幼児期から児童期にかけてよく見られる感覚特性を挙げてみました。ちなみに、私は服のタグが苦手です。

感覚過敏の例

- 大きな音が苦手
- 特定の苦手な音がある(黒板をひっかくような誰でも嫌がる音ではなく、換気扇や掃除機の音など、日常音)
- 特定の人の声が苦手(声の質、しゃべり方、など)
- 蛍光灯が苦手(交流電流の周波数に敏感)
- 明るい光が苦手(極端に眩しがる)
- ごちゃごちゃしたところが苦手だったり、イライラする
- 人混みが苦手(もしくは不快、人酔いをする)
- 人に触られたり特定の生地が苦手(セーターや服のタグ)
- 特定の味や匂いが苦手(バスの匂い、給食室の匂い、など)

感覚探求の例

- 好きな音やリズムがあり、それを繰り返し聞く
- 好きな視覚パターンがある(幾何学模様、複雑な図形)
- トランポリン、ブランコなど感覚遊びが好き
- 体を揺する(無意識に揺らしたり、椅子などに座っているときに揺する、貧乏揺すり、など)
- 特定の肌触りが好き(つるつる、ふわふわ)
- 指しゃぶりや爪かみをする
- 鉛筆や板、紙など、ものを噛む(もしくは、口に入れる)
- 特定の匂いや味を好む

創造性

　ギフテッドの子どもの中には、イマジナリーフレンド（イマジナリーコンパニオン、想像上の友だちとも言います）用語4)がいることがあります。欧米では比較的よく知られており、アニメーション映画の「インサイドヘッド」にもビンボンというイマジナリーフレンドが登場しますが、日本ではイマジナリーフレンドは初めて聞く、という人もいるかと思います。おおむね就学以降にいなくなることが多く、いつしか忘れてしまうのですが、幼児期に現れる不思議な現象です。

　白昼夢を見る傾向もギフテッドでは高いのですが、白昼夢を見る人はイマジナリーフレンドが存在している可能性が高いようです45)。基本的にイマジナリーフレンドが出現する子どもは、一人っ子や第一子で多く、メンタルヘルス的にも良好で、言語的能力のほか、社会的認知能力も優れている、という報告があります46)。保護者の皆さんは、お子さんのこうした現象をあまり奇異に思わず、温かく見守ってあげてください。

　私の長女が2歳の時に「ナンちゃん」という5歳のお姉ちゃんと遊んでいました。親戚にも友だちにも「ナンちゃん」という人はいないので、どこから名付けたのかわからないのですが、お風呂場でお湯を掛け合う姿を見て、面白いなと思っていました。イマジナリーフレンドと白昼夢の違いは、前者は本当に存在が見え人格があり、後者は頭の中の空想や想像であることです。実際にイマジナリーフレンドは本人以外見えないので、一見白昼夢と似ているようですが、前者は対象を操作できません（例えば、相手の名前を変えたり人格を変えたり、自分の思い通りの行動をしてもらう、など）。

独特のこだわり

　ギフテッドの子どもは、独特のこだわりを持っています。誕生日プレゼントに生物や宇宙の図鑑などを選ぶ子がいますが、地図を見るのが大好きなギフテッドの子どもは、誕生日プレゼントにポータブルカーナビを買ってもらっていました。昆虫や魚の名前、電車や駅名を覚えたり、自動車の車種をたくさん覚えている、などは定番ですが、高速道路のインターチェンジの上空図、世界の空港の滑走路などをグーグルマップで楽しそうに見て覚える子どももいました。テレビゲームでは、マインクラフトにはまる子どもが多いように思います。単に与えられた枠組みの中でゲームをするよりも、作って遊びたい、という子どもが多いです。

　工作は幼児期からよく見られます。段ボールや割り箸などを使ってどんどん新しいものを作ります。折り紙にはまっているあるギフテッドの子どもは、幼稚園では「折り紙博士」と呼ばれていました。幼稚園の時は人気者なのですが、児童期においては折り紙では人気は続きません。迷路作りが得意なお子さんもいます。そのお子さんが小学校に入ると、大人顔負けの複雑な迷路を描いてきます。折り紙とは違って、迷路の達人は小学校では人気者になれます。工作は児童期になると、大人が見ても唸るようなものを作ったりします。

　ギフテッドの子どものこだわりは、これまでお話しした例のように一般的なマニアックな趣味、こだわりを超えてくることが多いです。こうしたこだわりは、決して悪いことではなく、本人たちの自尊心に直結しており、褒めたり、認めることで、より能力に磨きをかけていきます。私は直接的に「すごい」と言うこともありますし、大人でも解くのが難しいクイズなどを出してきたときには、「わからない、悔しい」と言うと喜んでくれます。

保護者や支援者側として心がけたいのは、こうした独特のこだわりを認め、伸ばす手伝いをすると同時に、上手に関連領域を広げていく手伝いもしましょう。例えば、駅名を細かく暗記しているお子さんに、漢字で完璧に書けるように勧めてみてください。あるお子さんはマニアックな漢字を駅名と一緒に覚えているにもかかわらず、文章を書くときにその漢字が出てこなかったことがありました。私が「ほら○○本線のあの駅名書けるでしょ？」と言うと、「ああそうだった」と言って思い出して書きました。漢字が書けても、知識とつながっていないと意味がありませんので、その次はつなげる工夫が必要です。ディズニー好きの子どもは、すべてのキャラクターやディズニーランドのアトラクションを覚えていたら、その次は日本語でどういう意味かまで、調べてみるように促してもよいでしょう。

ポータブルカーナビ

運動（手先の不器用、運動の苦手さ）

　ギフテッドの子どもは、運動が苦手な場合が多いようです。運動能力は幼児期では特に目立ちます。例えばラジオ体操などをしていると、半周遅れで手を振っていたり、かけっこが際立って遅かったりすると、どうしてもすぐ目についてしまいます。手先の器用さについても、工作をしたりスプーンや箸を使ったりする際に失敗することがあるので、やはりどうしても目立ってしまいます。

　一部には発達性協調運動障害^{用語1)}のあるギフテッドの子どももいますが、運動が得意な子もおり、非常に個人差が大きいようです。私が主に小学生のギフテッドの子どもを対象に調査した結果では、粗大運動（ボールを投げたり、走ったり、体全体を使う運動）がむしろ平均よりも良好でした。ですが、運動ができる子、できない子と極端に分かれる印象です。一方、微細運動（手先の運動）は平均よりも低く、多くのギフテッドのお子さんで手先の不器用さは見られるようです。

　単なる不器用ではなく、工作など自分の興味関心のあるものは、細かい作業もこなす場合もあれば、それ以外は別人のように不器用、みたいなことが起こりうるのがギフテッドの難しいところです。手先の器用さは、手と目の協応動作であり、集中力も関係してくるので、ギフテッドの没頭による集中力は、こうした協応動作を格段に発達させるのかもしれませんが、般化（別の動作に応用したり適用したりして技能が広がること）が限定的である場合もあります。

　いずれにしろ、粗大運動も微細運動も苦手な子どもが多い一方で、特定の運動が得意だったりと、「好きこそものの上手なれ」というのもギフテッドの子どもの特徴であると言えます。

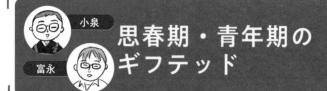

小泉
富永

思春期・青年期のギフテッド

最もしんどい中学校

　思春期の前半である小学校高学年から中学生になると、自己理解が少しずつ進んでいきます。それとともに自分と周りの子どもの違いにも気づきつつあります。学校に対して違和感を抱えながらも、通うことができています。

　中学校になると「学校がつまらない」、「通っても意味がない」、「学校をやめたい」と言い始め、結果としてまだら登校や別室登校、そして不登校になっているケースが多く見られます。何とか小学校は切り抜けたとしても、中学校ではさまざまな疑問や不条理な問題にぶち当たることが多くなります。コロナ以前には、別室や遅刻を重ねながら登校していた子どもたちは、最初の緊急事態宣言を終えた時には、不登校になっていました。久しぶりに出会った時には、学校に行かなければならないという呪縛から解放されたのか、彼らの表情がすっきりしていました。

　なぜ中学校がしんどいのか？　日本社会において、最も同調圧力を求められる社会だからです。彼らは、人の意見に流されず自分の倫理観に基づいて考えます。一昔前の中学校であれば、やんちゃな子たちも存在し、多様な子どもたちでクラスが構成されていました。しかし、今は多くの学校が落ち着き、学校行事に力を注げるようになってきました。放課後の練習などサボって遊びに行くのが当たり前だった時代は過ぎ、今やそんなことができる環境ではありません。

中学校時代を振り返ってA君は「行事は楽しいものもあるんですけど、一番苦手だったのは合唱コンクールで、歌うこと自体は好きで、苦手ではなかったんですけど、授業の5、6時間目、放課後も毎日練習するような状態で、ほぼ強制的に参加させられたのが苦痛で、練習が長い上にわかりにくい。先生にもよるんですけど、先生個人で盛り上がってるみたいなのが苦手でした。さらに校歌の練習の時間も苦痛で、歌うこと自体はいいんですけど、意味があるのかな、みたいに思ってしまう」と語っています。

　また、中学時代に板書が苦手だったことについては「そのときはクラスではからかわれていた時期で、言い出しにくかったですね。先生方は理解はしていたと思うんですけど、生徒に伝わるかどうか」と振り返っていました。この点は、ギフテッドの子どもたちに共通する話だと言えます。

理不尽なことが多い中学校

　彼らは、自分の価値観に照らし合わせて学校を考えます。例えば、合唱祭の練習で毎日のように朝から放課後まで練習することに対して、「歌を歌うのは好きだが、訓練みたいな練習をしてみると嫌になってしまう」とか、体育に関して「スポーツは自分で楽しむものであって、強制されるものではない」と考えるわけです。どうしても、先生や周囲と軋轢が生じてしまいます。

　中学生の段階になってくると自己理解が進み、自分と他者の違いもわかるようになってきます。小学生の頃は、いろいろとクラスの中でトラブっていましたが、周囲の幼さも理解できるようになってきます。それと中学校の授業のつまらないところも、自分なりに工夫して時間を過ごせるようになっていきます。

問題となるのは、周りの子どもの関係というよりも先生との関係です。ギフ寺(ギフテッドの子どもたちの寺子屋。第7章参照)で子どもたちと話をしていると学校で疑問を抱くのは、やはり先生のいじめなどに対する不手際とルールに関する一貫性のなさです。彼らの話をまとめると、以下の4点に集約できます。

　1)人の話を聞かないで、自分の考えを押しつけてくる

　2)嫌みばっかり言ってきて、難癖をつけてくる

　3)いじりやいじめを、先生が黙認する

　4)先生が代わるたびに、ルールが変わる

　通常の子どもたちであれば、適当に笑ってスルーしてしまう場面でも、彼らにとっては、完璧主義とあいまって先生のちょっとした言動が許せず、ストレスの要因となっていきます。子どもに対して、学校の不満を保護者に話したりはしないのか聞くと、何となく家の雰囲気が悪くなるから親に伝えないという答えでした。子どもたちは、親の「何とか学校には通ってほしい」という思いを感じていて、なかなか自分の思いを伝えられないでいる様子がうかがえます。

読み書きは「面倒くさい」

　以前、「心理検査で、ワーキングメモリーも処理速度も平均域なのに読み書きが苦手なのはなぜなのか」という質問を受けたことがありました。そのときには「迅速な処理」という視点から、WISC-Ⅳのワーキングメモリーと処理速度のバランスの悪さが彼らの思考の足を引っ張っている可能性を答えました。ですが、認知機能のバランスの悪さだけで、結論づけられる問題なのでしょうか。多くの相談を受けている中で、ギフテッドは読み書きが苦手なのではなく「面倒くさい」のではないかと考えるようになりました。

ギフテッドの子どもは、文章題で式を書かないで答えだけ書いてしまう。漢字の書き取りも1回だけ書いて終わりにしてしまう。できないわけではありません。やればできるがやりたくない。言い換えると、「習うより慣れろ」が苦手なため、慣れないからこそ、より脳の中で扱うことができるリソースが余計に割かれてしまう（ギフテッドは慣れが生じにくいという研究もあります[48]）。その結果「面倒くさい」からやらないといって、自分の楽しい世界に入り込んでしまう。これが、日常生活で続くと保護者も先生もなかなか大変ではないでしょうか。

ギフテッドの偏った活動や取り組みを理解するには、「面倒くさい」というキーワードが手がかりになるかもしれません。とはいえ、「面倒くさい」で片付けてしまうのは困ります。行動の変化を促すためには、モチベーション（動機づけ）が必要になります。モチベーションのためには、課題の難易度を上げることや、自主的な（探究的な）学習を宿題として認めてもらうなど、学習環境を変えることが大切です。意味を持たない作業から意味のある活動へ変えていく、周囲の理解や関わり方が変わっていくことで「面倒くさい」も変わっていくのかもしれません。

自分を知りたい

10年ほど前にある中学生から進学を前に、自分というのを見つめ直し再構築したいというメールが来ました。彼は、保護者に頼らず自分のことは自分で解決していきたいと語っていました。そこで、WISC-IVをベースにして自己理解を促す手法に取り組みました。彼が検査の合間に話をしてくれた中で印象深かったのが、学力テストで満点をとっても先生からは、「なんだ、おまえか」という顔をして

<u>スルーされてしまう</u>という話でした。

　それ以降も、道外から相談に来られるケースがいくつかありました。最初は保護者と来道したB君は、高校に行く目標を失い、揺れ動く中での来道でした。将来を考え、目標を考えてもらう意味でも、院生をしている後輩たちにも相談に入ってもらいました。WAIS-Ⅲの検査結果を本人の日常生活や行動さらには学習面と照らし合わせながら、納得いく形で説明しました。後日、本人からは、自分の特性を受け止めることができました、というメールが届きました。彼には、日本という狭い社会に固執しないでアメリカに行く選択肢もあることを伝えました。本人にとっては、少しだけ人生の楽しみが見えたようです。その後一人で遊びに来て、ギフテッド応援隊の学習会や勉強会と交流会にも参加していきました。

アメリカ
か〜

居場所と友だちで、乗り越えられる

特に、相談で深刻度を増しているのが、高校生や大学生のケースです。進学校に入学したが不適応によって、不登校のみならず、ギフテッドの特性からくる二次的な問題が生じてしまうケースです。

小泉が富永に相談ケースを依頼した件について情報共有をしたときに、「真面目な子が、進学校に入学し、学習や人間関係でうまくいかなくなった時点からの支援は難しい」、「二次的な問題が深刻化し、結果として、医療に頼らざるをえなくなってしまう」などの問題が話題になりました。関わっていると真面目な子どもたちほど、生きることや自分について悩み、完璧主義からの脱却が難しい印象があります。

これまでの支援からも、「親以外の信頼できる大人の存在や居場所とともに早い段階からの支援の必要性」が、解決につながることがわかっています。しかし、小中学生とは活動範囲も活動内容も異なり、親から独立したいとの思いをくみながら、信頼関係を築くのはとても難しいのが実情です。

ギフテッドも、多かれ少なかれ自分自身で対処できない思いを抱えています。ですが、同級生は相談相手にならず、また親には話したくない。その中で、知らない先生とはいえ、自分自身を説明し、理解を示そうとしてくれる大人に話をしてくれる、会いに来てくれるのは、そういうことなのではないかと思っています。

最近は、オンラインでのコミュニティ活動も行えています。これまでの子どもたちと付き合ってきた経験から、小中学生などの早い時期から、こころの居場所、類友などという関係の構築が、高校生以降の不適応を乗り越えられると考えています。

自己理解

　ギフテッドのある子どもは、青年期にかかわらず、常に「自分とはどんな人間だろう」と自問自答していますが、特にこの時期は、自分のことは自分で決定したいという独立心と、自分の特性を知りたいという気持ちがより高まります。大学に進んだA君も、今でも自分の特性についてうまく向き合えているかどうか、常に自問自答しているとメールに書かれていました。A君とは、中学時代にWISC-Ⅳや質問紙を交えながら自己理解講座にも取り組みました。高校入学時に、高校生活を送る上でどのような配慮を希望するか記入する質問紙の記入について相談を受けました。

　私たちがアドバイスすることはほとんどなく、自分で授業場面や日常で困りそうな点を考え書き上げていきました。ある程度自分のことは理解できていても、周囲と折り合いをつけていくことには難しさを感じることもあるようです。

　長く関わっているC君は、自分を知るために何度か北海道に足を運んでギフテッド学習会にも参加しています。ネットや勉強会で紹介した書籍は自ら購入して読んでいます。彼は、自己理解というより自分の認知的特性の背景にある神経心理学的なメカニズムを知りたい、そのために学びたいという強い思いが感じられます。

育ちの鍵は

　「生きる価値がないから路上生活者になる」、「（ダメ人間だから）東京に出て社畜になるしかない」、「生きている価値があるのだろうか」、彼らが中学高校を通して発した言葉です。高い能力を持ちながらも、自分のいい面が見えてこないで、苦手な部分だけが見えてきます。

そのため、「今」を考えると先が見えてこない日々に、悶々とする毎日が続きます。周囲が、必死になってフォローしてもなかなか言葉が心に響きません。路上生活を考えたD君は、常に完璧主義と日常のぶつかり合いでした。数学や世界史が学年トップになっても、他の教科の不出来が気になり、自己評価は低いままになります。そんな自分は学校をやめてもコンビニでバイトする能力もないし、かといって死ぬ勇気もないと語ってくれました。同様にA君は、数学で96点とったとしても間違った4点のことで、間違った自分を責めます。自分みたいな能力のない人間は働き先もないから、東京に出てひたすら会社の言いなりになって働くしかないと語ってくれました。

　子どもは、話していくうちに、自分の方向性はわかっているのですが、一度ネガティブループにはまるとなかなか抜け出せず、先に進めないという状況でした。中高で揺れ動く子どもたちと関わりながら、彼らの育ちにとって大切なことは、凸凹を受容しつつ自分の長所や良さを認めることと、やりたいことを見つけることの2点ではないかと考えました。

　A君には、中学時代に大学のオープンキャンパスに行くことを勧めました。そこで、食品高分子化学の講義に興味を持ち、将来は農学部か畜産学部に進み、大学院で農業や食について研究に取り組みたいと考えるようになりました。彼と話をした中で、自分の長所をきちんと語ることができていました。彼が語ったのは3つでした。1つ目は、学習したことは、しっかり長期記憶に貯蔵される。2つ目は、周囲からネーミングセンスがあると褒められる。3つ目は、探究心が旺盛である。今は、無事に希望の大学に進み、社会貢献すべく乳製品や発酵食品の研究についています。

　B君は、心理学と音楽に興味があり、進路選択に悩んだ末にスウェーデンの福祉や教育制度について学べる大学を選択しました。高校時代は、完璧主義で「こうあらねばならない」という強迫的な観念にさいなまれ、うまく周囲と折り合いをつけられずにいました。大学合格時のメールでは、教育について社会学的なアプローチで取り組む研究がしたいという抱負が述べられ、「皆もう少し肩の力を抜いて、人様に迷惑をかけない範囲で好きに生きてもいいのだろうなあ、と思えるようになりました」と書かれていました。

　C君も自分の豊富な語彙・知識と推論能力を生かして人を救える仕事をしたいと語り、D君は、大学では成績優秀者として表彰され、修士課程に進み研究に取り組み専門職として就職することができました。ギフテッドの青年たちは、自己理解をして自己受容を乗り越えることで、高い倫理観とも結びつきながら自己実現をしつつ社会に貢献したいという思いを育んでいきます。

ギフテッドの育ちに寄り添う相談現場から

小泉

相談の目的は主に4つ

　私は、2014年に、「読み書き困難を持つ知的ギフテッドの支援」[2)]、2016年に「認知機能にアンバランスを抱えるこどもの『生きづらさ』と教育」[3)]を、論文として発表しました。

　2014年の論文を発表した後くらいからでしょうか、全国から相談が寄せられるようになりました。相談をされる保護者は、専門機関に行ってはみたものの、納得できる答えが見つからなくて、心底、困っているようでした。「自分の子に合う指導や支援をしている場所は、どこかにないか？」と一生懸命探して論文を見つけ、私のところに連絡が来るという流れでした。

　相談を寄せられる方の中には、関東圏や沖縄など遠方から北海道まで、わざわざ足を運んでくれるケースも複数ありました。それだけ保護者は、切実に困っているのだと痛感しました。

　相談件数は50を超え、2017年からは、インタビューシート（p.114参照）を活用して相談に取り組んでいます。多くのケースは、他機関に行って診断やアドバイスを受けているため、ほとんどの方のニーズがセカンドオピニオンです。相談理由でしばしば見られるのが、「ASD（自閉症スペクトラム障害）やADHD（注意欠如多動性障害）という診断を受けたけれども、少し違うのでは」、「IQが高いから大丈夫と言われたが、日常生活を見ていると心配」、「自分で子どものことを調べているうちに、ギフテッドに当てはまるのでは」などです。

インタビューシートの最後には、必ず相談の目的を書いてもらっています。保護者の方が、子どもの抱える問題を整理していく中で、相談の方向性を明確にしてもらうようにしています。多くの保護者からの相談目的は、主に以下の4つになります。

1. 子どもの特性を理解し、必要な支援を知りたい。
2. このようなタイプの子どもの育ちを知りたい。将来のこと、など。
3. WISC-Ⅳの結果の説明を、きちんと聞きたい。
4. 理解してくれる大人との出会い/検査をしてほしい。

日々の子どもの言動に対して「Why」という思いと、子どもを語りきれないもどかしさを感じ、少しでも子どもを理解し支えてあげるきっかけになればとの思いが伝わってきます。

幼児の相談ケースから

この数年増えてきたのが、幼児期の子どもたちの相談です。きっかけは、園から指摘される問題行動です。年少の頃は、多動、集団適応での問題が見られます。活動内容に興味がなくて飛び出してしまう、順番が守れないなどで、園にとっては手のかかるお子さんと捉えられます。一方では、好きなことには集中してなかなか切り替えができない、周りとの遊びの中でうまくいかないと癇癪を起こしてしまいます。

園の先生は、問題行動とは別に子どもとの会話や図鑑や本を読む姿を知っているから、他の子に比べて頭がいいとはわかっています。だからこそ、なぜみんなができる「順番を守る」、「一緒に行動する」などの当たり前のことができないのか悩むわけです。保護者も家庭

での子どもの姿のギャップに戸惑うわけです。当然、優秀な面としては記憶力の高さ、好きなことに対する探究心の強さ、弱い面としては日常生活のルーチンがなかなか定着しないということです。医療機関に相談に行っても、発達障害と診断されるケースもあれば、ギフテッドの疑いとも言われ、療育機関やデイサービスを勧められるケースもあります。共通するのは、適応に対する難しさです。

　知能検査を実施すると幼児期なり低学年の段階で、ギフテッドの子どもたちは学年的に3〜4年程度高い言語理解能力を示します。子どもたちが恐竜の図鑑を見て、「すごいね」とか、「強そう」と話しているところにギフテッドの子どもが入ってきて、「これはね、トリケラトプスで、中生代後期白亜紀に、今も北アメリカ大陸に生息した植物食恐竜だよ」と話すわけです。同じ題材で話をしていますが、当然会話がかみ合うわけがありません。結果周りとの会話も減り、主に話をする相手は園の先生になってしまいます。

ギフテッドの育ちに寄り添う相談現場から　105

確かに言語理解は高いのですが、精神的なコントロールはそれに追いついていません。さらに、完璧主義が結びつくと周囲との軋轢を生んでしまいます。このことは、**幼児期から学童期にかけて対等な友だち関係の形成に影響を及ぼすだけではなく、早期からアンダーアチーバー**^{用語6)}**にも結びついていきます。**そのことを感じ取った保護者が、違和感をもって新入学を前にして相談に来ます。

最初の分岐点は、小学校入学時

　保育園や幼稚園では、理解ある園の対応で過ごせたとしても、保護者としてはわが子は小学校の通常級で椅子に座って周りとうまくやっていけるのだろうか、という不安に陥ります。相談の中には、園の先生、医療機関、教育相談機関で通常級か支援級かで割れるケースが見られます。子どもたちの凸凹に対して、どこにフォーカスを当てるかで就学の場が異なるわけです。親にとっては、ユニークな子どもにとって、通常級か支援級かどちらからスタートした方がよいか悩むところです。少しずつギフテッドの理解も進み、個に応じた支援と柔軟な体制が徐々にできてきていますが、子どもの高い知的機能にフォーカスを当てた支援と考えると、まだまだ通常級も支援級も不十分な点が多いのです。保護者の方には、**本人の能力を最大限引き出してくれるのはどこなのかという視点が大事です**、と伝えています。

　ギフテッドの子どもたちの多くは、入学前にひらがな、カタカナ、簡単な漢字、2桁の足し算や引き算をマスターしていて、他の子どもたちの学ぶペースや興味関心とは異なります。給食など他に楽しみを見つけられるといいですが、感覚過敏を持つ多くの子どもにとって給食は登校刺激とはならないようです。

学習面では問題がないが…

　A君は幼稚園に通っています。家では、好きなことがたくさんあり、集中しだすとなかなか切り替えができません。自分で恐竜や虫の図鑑を見ながら、クイズを作ったりしています。何でも知りたがり、わからないことは両親に尋ね、納得がいくまで質問をしてきます。文字や漢字も、本を読んでいつの間にか覚えていました。

　園では、他の子どもとのコミュニケーションが苦手で、特定の先生にしかなつかず、お気に入りの先生と常に一緒にいます。自分の好きなことには取り組めるのですが、苦手なお遊戯や音楽はなかなか取り組もうとせず、嫌なことに関しては癇癪を起こしてしまいます。園の先生からは、みんなと一緒に席に座って同じ活動ができるか心配ですが、能力を考えると入学しても学習面は問題ないので通常学級で大丈夫、との意見でした。ですが医療機関からは、自閉症スペクトラム障害と診断を受けていて、支援級からのスタートを勧められていました。保護者の方も、A君が自分の力を発揮でき、落ち着いて行動できる場はどこかで悩んでいます。

　スタート先は、ケースバイケースですが、保護者の方には「子どもがどんな点で困り感を抱え、どんな援助が必要かまとめて事前に学校に伝えてください」と話をしています。A君の場合も、課題が終わったら本人なりに学べる教材を認めてもらったり、より難しい問題にチャレンジできる機会を設けてもらったりすることで、本人も満足感を得られ、周りからの評価も高まると思います。集中して取り組めることがあれば、立ち歩きも減ってくると考えます。

　小学校に入学したギフテッドの子どもたちの特性を理解し、達成感を得られるような工夫と手立てを考えてもらえる先生のいる教室が子どもたちにとっての学びの場になると思います。

小学校3年生前後も、ひとつの山場

　相談を受けていて、小学校3年前後で不登校もしくは仮面不登校になっていくケースが多々見られます。子どもたちの中には、保護者が年休を確保して、必要に応じて学校を休むケースも見られます。子どもたちは、なるべくガス抜きをしながら登校しています。

　ギフテッドの子どもは、学校に対して多くの疑問を持っています。「なぜ、わかっていることを繰り返させるの」、「1回できればいいじゃん」、「答えが正しいなら、式なんていらない」、「10分ですむようなことを、1時間かけている」などです。その上、先生に知りたいことがあって質問をしようとしたら、相手にされずに切り捨てられてしまいます。子どもたちの能力と学習内容がミスマッチしています。

　低学年の頃は周囲に合わせることができていましたが、成長とともに、運動会や学習発表会に対して意味を感じなくなります。周囲とのコミュニケーションも、なかなか成立しない状況が続きます。

成績は良いが、板書が苦手

　成績はよい小5のBさんは、先生には「能力はあるのですが」と言われます。どうしても授業中は、上の空で空想の世界に出かけています。ほとんどノートもとらないので、先生には授業に参加していない印象を持たれています。総合的な学習や道徳では、鋭い意見や博識なところをみせて周囲には一目置かれる存在ですが、家庭では、お母さんからは「もう5年生なのだから身の回りのことは自分でやりなさい」と言われています。家に帰ると好きな本の世界に入り込んで、宿題が手につかない状態です。

　Bさんの学習を考える際、板書が苦手なため授業に参加できてい

ない、という点を考えることが大事です。先生の話を聞けば、ノートがなくても覚えられるので、本人にとって板書は必要なく、宿題で復習することの必要性を感じていません。やりたくないことや無意味と感じていることに労力を割くなら、楽しい世界に思考をめぐらしていた方がはるかに楽しいわけです。

通常は、読み書きの苦手な子どもには、タブレットなどの端末を持たせれば改善されると考えられます。でもBさんに、端末を持たせても解決にはなりません。本人にとって学校の授業が退屈なので、端末を使って板書する気が起きず、自分でいろいろとカスタマイズしようと試みます。結局、先生に叱られる原因をつくってしまいます。

大事なことは、端末を与えることではなく、**端末を使って何を学ばせるか**ということだと考えます。**本人の知的好奇心を満足させ、学習に積極的に参加できるような工夫**が求められます。

中学生と対話をするときの手法

中3のC君は、言語理解と知覚推理との間に大きな差があります。学業成績は学年でも常に10番以内にいます。運動はそれなりに得意ですし、友だちとの関係も良好で、こっそりカラオケに行ったり、ネットゲームをしたりと楽しんでいます。保護者との相談以降は、C君から、不注意の問題でケアレスミスが多いこと、隠喩がなかなか理解できないことなど、直接メールで勉強の相談を受けるようになりました。

Q1 (相談1) 計算ミスが多い

テストで本当に単純な「8 − 3 =」の答えを − 5 と書いてしまうことが多いです。計算過程の途中で頭では答えが 5 だということはわかっているのに、なぜか文字として書くと − 5 になってしまいます。

A C君への返信

どのように文章を処理しているのか考えてみてください。本を速く読むには、いちいち文字を読んで変換するより単語のまとまりごとに処理していく方が速いです。そのような処理をしていくと細かい部分に注意が働かなくなり、簡単な文章でのミスが目立ちます。計算ミスについては、簡単な計算だと心に留め置くことなく、次の課題に移っていくことが考えられます。対処法としては、自分の頭でリハーサルをし、常に作業過程に注意を払うこと、自分はそのようなミスが多い、とあらかじめ言い聞かせることが大事かと思います。

Q2 (相談2) グラフや表、雨温図が読めない

例えば、石油は輸入に依存していることはわかり、中東からの輸

入が多いのはわかりますが、グラフだと答えられません。

A C君への返信

　C君は、言語情報をベースに物事を考えるのが得意ですが、視覚情報から考えるのが苦手です。画期的な答えは示せませんが、常に表やグラフを言語化し、言葉は頭の中に入ってきますが視覚情報と結びつけるルートが弱いことが考えられます。得意な言葉を活用しながらルートを太くしていくトレーニングをしましょう。例えば、グラフや雨温図も言語を映像化する取り組みとして、サウジアラビアからの石油の占める割合は25％、アラブ首長国連邦は21％と言語化しながら、実際に自分でグラフにしていきます。雨温図も、地域の特徴は理解しているのだから、それを実際に自分で雨温図を描いたり白地図に日本海側や太平洋側に北と南の違いを書き出したりします。

ギフテッドの子たちと関わっている中で、「これは、ギフテッドらしさだな」と思うことがいくつかあります。そのうちの２つをご紹介しましょう。

ギフテッドとADHDの「マインドワンダリング」の違い

　ギフテッドやADHDのある子どもの中には、マインドワンダリング^{用語7)}が存在することがあります。先生から見たら、どちらも集中していないと見られてしまいます。ですが、マインドワンダリングの出方は、少し異なります。ADHDのある子どもは、授業がわからなかったり退屈になってしまい、結果として、周りにちょっかいをかけたり、動き回ったりします。ギフテッドの子どもは、授業が簡単すぎてつまらなくて、退屈になり趣味のロボットやマインクラフトのプランに没頭してしまいます。

　ギフテッドの子どもの話で興味深かったのが、授業の中で自分が気になったキーワードや疑問がどんどん広がっていってしまい、授業どころでなくなってしまうという話です。義務教育段階での授業は、一つのテーマを深く掘り下げて考えていると前に進みません。でも子どもたちは、気になったり疑問に思ったりしたら、どんどん深掘りをしていきます。自ら探究学習を始めるわけです。

　ギフテッドの子どもたちのマインドワンダリングは、授業時間を通して持てる知的好奇心を満足させているわけです。先生から見れば、「話は聞いていないし、授業に集中していない」という一括りの状態かもしれません。けれども、ギフテッドとADHDそれぞれのマインドワンダリングの違いを感じる視点があると、ギフテッドの姿がより見えやすくなるのではないでしょうか？

恐竜に捕食されてしまう

　ある子は、バドミントンのラケットにシャトルが当たらず、最初に出会った時には驚きました。その頃は、発達性協調運動障害[用語1)]という言葉がなく、不器用な子どもという印象でした。運動の苦手な子は、周りに多く見られました。またある子は、「なんで幼稚園児でもできることが、私にはできないんだ」と憤っていました。

　検査をしながら、協調運動の苦手な子どもたち何人かと話をしたことがあります。恐竜時代に生きていたらどうなっただろうか、と仮定の話でした。ある子は、捕食されるか踏み潰されるかもしれないと答えてくれました。なぜそうなるのかを説明してもらうと、きっと恐竜を特定し分類するのに時間がかかり、気がついたときには目の前に来て逃げられなくなってしまうと言っていました。通常であれば、瞬時に危険かどうか判断して逃げるモードに入りますが、彼らはついつい分析モードに入ってしまいます。

　瞬時に物事を判断するというよりも、バドミントンの場合は飛んできたシャトルの位置を確認しながらラケットを出すという運動が、何度やっても慣れが生じないのです。

　ギフテッドの子は、「素早く判断して動く」というよりも、「じっくり考える能力を獲得した」という感じなのだと思います。じっくりと考えるというのは、ギフテッドたる思考方法、それこそが彼ららしさ、彼らの特性なのだと思うのです。

インタビューシート

①子どもの育ちについて教えてください。

②心理検査の結果について、
わかる範囲でご記入ください。

③子どもの興味関心のある優れていると
思うことを、お書きください。

④学習面で得意な部分と苦手な部分、
困っていることがあればお書きください。

⑤生活面で困っていることがあれば、
お書きください。

⑥友人関係や社会面で困っていることが
あれば、お書きください。

⑦運動面や感覚面、偏食などで気に
なることがあれば、お書きください。

⑧園や学校での支援状況について、
お書きください。

⑨他の相談機関や医療機関で、どのよう
な診断(判断)やアドバイスをもらいま
したか。

⑩最後に、相談の目的や相談内容を
教えてください。

第 **4** 章

保護者を支え、
子どもを支える
「ギフテッド応援隊」

ギフテッド応援隊とは、ギフテッドの子どもを育てる保護者の会です。

日々手探りで子育てをする保護者の心のよりどころとなっています。

ギフテッド応援隊

保護者がつくった「ギフテッド応援隊」とは？

2017年設立の全国規模の親の会

　「ギフテッド応援隊」は、ギフテッドの子どもを育てる保護者がつくる、全国規模の親の会です。「ギフテッドの子どもたちの健やかな成長」を理念に掲げ、子どもたちが自分のギフトを大切にし、希望を持って成長していける環境づくりに取り組んでいます。

　設立は2017年1月と、それほど昔ではないのですが、当時はまだギフテッドに対する満足な情報を得ることも、当事者や保護者どうしが知り合うことも簡単ではありませんでした。一人の母親が立ち上げたギフテッド応援隊は、日々手探りの子育てに悩む保護者たちにとって大きなよりどころとなりました。その輪は主にインターネットを介して全国に広まり、一般社団法人となった現在は約300名（2021年9月現在）の会員を抱えるまでに成長しています。

　会の急成長は、裏を返せば、それだけ多くの人がつながりを求めているという事実にほかなりません。ギフテッドの子育ては不安がいっぱいです。親たちはわが子の持つユニークな資質に面白さを感じる一方で、必然的にその生きづらさにも向き合わざるをえず、手探りの子育てに悩みは絶えません。

　誰かに相談したくても、近くに仲間を見つけることもままならず、思うようなサポートも受けられず、途方に暮れている保護者たち。初めて会の集まりに参加した方は、「子育ての話でこんなに共感し合えたのは初めてです」と、異口同音に驚きを語ります。ギフテッド

という言葉が知られるようになってきた今も、保護者の抱える孤独は変わらないという現実があります。今回、子育ての実態を知るために、ギフテッド応援隊の会員を対象に、アンケートを実施しました。その結果をもとに保護者の置かれている現状を見ていきます。

孤立しがちなギフテッドの子育て

≫≫ 家族の協力を得ることの難しさ

保護者にはまず、「子育ての中で孤独を感じた経験は？」と、尋ねました。まったく孤独感がない状態を1とし、強い孤独感を感じる状態までの5段階で評価してもらったところ、自身の孤独感が3以上と回答した人は全体の89％。しかも最も孤独感の強い5と答えた人が多数派となる結果でした（図4-1）。保護者の多くが子育てに孤独を感じている現状が、改めて浮き彫りになりました。

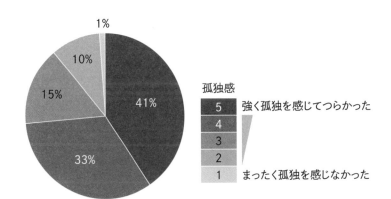

図4-1　子育ての中で孤独を感じた経験は？（回答数91名）
　　　　（ギフテッド応援隊会員アンケート調査：2021年2月）

こうした孤独感の原因は、「悩みを相談できる人が近くにいない」というだけでなく、家族間のすれ違いも深く関わっているようです。

「配偶者から理解や協力を得られているか」を問う項目では、「理解が得られている」とした回答は85%と、情報共有は一見うまく機能しているように感じられました。ところがその協力姿勢について見ると、「協力してくれた」と答えた人は76%。４人に１人は、最も身近な存在であるはずの配偶者から満足なサポートを得られていないことがわかりました。中には「逆に非難された」という回答も少数ながら見られました（図４−２）。

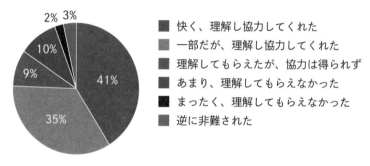

図４−２　**配偶者（パートナー）から理解や協力を得られているか？**
（回答数90名）

（ギフテッド応援隊会員アンケート調査：2021年２月）

実際、夫婦間で子どもの教育に対する見解が一致せず、なかなか協力関係を築けないという悩みを訴える人は少なくありません。ギフテッドの場合、日常生活の困り感と知的能力の高さという２つの面において、親は理解を深める必要があります。アンバランスなわが子が抱える生きづらさとそれを支えることの難しさを、母親と父親が温度差なく受け止めることは容易ではないでしょう。「不登校を

受け入れるべきか」、「特別支援を受けるべきか」といった具体的な選択をめぐって、家族の意見が割れることもよくあります。

>>> 子育ての悩みにも、サポートの手を

こうして孤軍奮闘する保護者の心には、大きな負担がのしかかります。今回のアンケート調査では、実に60%以上の保護者が「子育てが原因で、心や身体の調子を崩したと感じたことがある」と答えています。子育てに親の苦労はつきものとはいえ、この数字からも、ギフテッドの子育ての並々ならぬ難しさがうかがわれます。多くの場合、こうした負担を背負うのは母親です。

「家庭を守るのは女性」という考え方が否定されるようになった現代でも、子育ての比重はやはり母親側に大きく傾いています。学校との日々のやりとりやトラブル対応、家庭学習や日常生活のフォロー、支援機関との連携、ほとんどの家庭ではその大半を母親が担っているのではないでしょうか。子どもの不登校によって仕事が続けられなくなる母親も珍しくありません。

周囲の人がどんなに協力的だったとしても母親への負担が避けられないケースもあります。ギフテッドには不安感情を強く持つ子どもが多く、特に母親に対して分離不安を生じます。登校の付き添いは母親でないとダメだとか、トイレもお風呂も寝るときもいつも母親に一緒にいてほしいだとか、まるで幼児期のような母子密着が長期間続きます。母親の代わりは立てようがないので、こうしたケースでは母親が対応せざるをえません。

さらに二次的な問題として、母親の気持ちの余裕が失われることで子どもとの関係が悪化する、一人の子どもに手がかかりすぎて他の兄弟姉妹に関わる時間が持てないといった困難が起こる場合もあります。負担の大きい育児が引き起こす問題は多岐にわたります。

支援といえば当事者である子どもに目が向きがちですが、実は保護者の支援も非常に大切なのです。

>>> 望まれる、良き支援者との出会い

　もちろん、社会には支援の場がないわけではありません。小児専門の精神科や心療内科、かかりつけの小児科といった医療機関のほか、発達支援センターや子育て支援課、児童相談所などの公的な窓口、大学が併設する相談機関や民間のカウンセラー、放課後等デイサービスなど、地域にはさまざまな子育て支援の選択肢が用意されています。学校でも、スクールカウンセラーや特別支援教育コーディネーターなどに話を聞いてもらうことができます。

　ところがギフテッドを育てる親たちは、ここでもまた「思うようなアドバイスが受けられない」という現実に直面します。児童の発達や教育の専門家に、必ずしもギフテッドへの適切な理解があるとは限りません。困っているポイントに響かないアドバイスをされて、さらに心が折れそうになることもあります。

　結果、よりよい支援者との出会いを求め、あちこちを訪ね歩く日々が始まります。実際、「子育ての悩みをどのようなところに相談したか」という質問に複数の相談先を挙げた保護者は、全体の約75％にものぼりました。4か所も5か所もコンタクトをとったという人も珍しくありませんでした。

　そもそもギフテッドは医学用語ではないため、病院を受診しても「ギフテッド」という診断名がつくことはありません。知的能力に問題がない、発達障害ではないといった理由で、支援の隙間に落ち込んでしまうこともあります。今回のアンケート調査でも、回答者の約半数が、相談先で「対応や支援が難しい」と言われた経験を持っていました。

ギフテッドに特化した支援の場は、今の日本ではきわめて限られています。地域の中では、ギフテッドとしてのアドバイスや支援を受けることを期待するより、その子自身をしっかりと見て理解を示してくれる場所を探す方が近道でしょう。もしかしたら、思いもよらない場所で子どもを丸ごと理解し、親の思いにも寄り添ってくれる人物に出会えることだってあるかもしれません。一つの相談先で思うようなアドバイスが得られなくても、根気よく支援の道筋をつけていくことが大切です。

ピアサポートの底力―ギフテッド応援隊の試み

≫≫ 安心して悩みを共有できる場へ、ようこそ！

　悩みや不安を聞き、受け止めてくれる人の存在は、保護者の心の安定をもたらすだけでなく、子どもの心の安定にもつながります。

　私たち保護者が求めるのは、子育てという山あり谷ありの長い長いマラソンを、ともに走ってくれる伴走者であり、沿道からのエールです。たとえ思うような支援の場を見つけることができなくても、思いを共有できるコミュニティに所属することで気持ちが救われるかもしれません。その意味で、ギフテッド応援隊のようなピアサポート（同じ立場の人同士の支え合い）の場は、とても重要であると言えます。

　ギフテッド応援隊が一貫してこだわっているのは、「顔の見えるつながり」です。子育ての悩みというのはとてもプライベートなものですから、会員同士が安心して交流できる場を維持することは非常に大切です。そのため、入会希望者にはすでに会員になっている人と話をし、対面やオンラインでまず顔見知りになってもらうことをお願いしています。

入会資格は、**保護者が「うちの子はギフテッドかも」と思うかどう**か、それだけです。にもかかわらず、集まってくるのは面白いほどよく似たタイプの子どもたちです。「仲間とつながれたという安心感で楽になりました」という会員の声は、会の運営を担うメンバーにとって何よりの励みです。医師でも心理士でも教育者でもない一介の保護者にも、力になれることがある—その手応えを原動力に、私たちはさまざまな活動に取り組んでいます。

>>> 保護者がつながり、子どもたちもつながる

ギフテッド応援隊の集まりは、いつも自由な空気に満ちています。「うちの子、昨日こんな面白いこと言ってた！」、「今、こんなマニアックなことに興味持っていて…」といったエピソードを素直にぶつけても、「わかるわかる！」、「それはすごいね！」とニコニコ笑って聞いてくれる人ばかりです。子どものチャレンジが実を結んだという報告を聞けば、みんなが自分のことのように喜びます。その裏に悩みを乗り越えてきた日々があることを知っているからこそ、うれしいことは心から分かち合えるのです。簡単には解決しない悩みも、共感してもらうだけで「一人じゃないんだ」と力をもらえることがあります。これは親の会ならではの一体感でしょう。もちろん精神的な支えになるだけでなく、同じ地域に住む保護者、少し上の年齢の子どもを持つ保護者など、さまざまな人から役立つ情報を得ることもできます。孤独を感じることの多いギフテッドの育児は、このようなつながりの場に所属することに、たくさんのメリットがあると言えます。

ギフテッド応援隊が保護者の支援と並行して力を入れているのが、子どもたちの居場所づくりです。これまでにも遠足やバーベキューなど気軽に楽しめるものから体験型のイベントまで、さまざまな企

画が行われてきましたが、子どもたちはいつも和やかに時間を共有しています。日頃、集団生活がうまくいっていないなんて信じられないほど、ほどよい関係の中でコミュニケーションを楽しむことができていると感じます。

　最近はインターネット上でも、子どもたちの交流が見られるようになってきました。オンラインゲームを一緒に楽しむなど、現代っ子たちはあっという間にお互いの関係に慣れて、全国の仲間と気軽にやり取りを楽しんでいます。異年齢の集まりは、子どもたちにとって、さまざまな学びや発見の機会となっています。人と関わることに苦手さを抱えながらも仲間とのやりとりで自信を持てるようになった子、「怒ってばかりの自分を変えたい」と自ら考え始めた子など、子どもの成長の助けになっているといううれしい報告も聞かれるようになりました。

　子どもたちのコミュニティをどのように充実させていくかは、まだ方法を模索している段階です。ゆくゆくは大きくなった子どもたちが、親とはまた違う立場で後輩たちの良き理解者になってくれることを期待しています。

≫≫ ギフテッドが受け入れられる社会を目指して

　会の重要な活動としては、このほかに「社会への情報発信」が挙げられます。子どもたちの健やかな成長は周囲の理解なしには成り立ちません。すぐに効果が現れるものではなくても、ギフテッドという概念の認知度を高めることは、保護者や子どもたちを支えるために欠かすことはできない視点です。

　ギフテッド応援隊の公式サイト（https://www.gifted-ouentai.com/）にもギフテッドに関するさまざまな情報を掲載していますので、ぜひ参考にしていただきたいと思います。

ギフテッド応援隊の活動に参加し、元気に帰っていく親子の背中を見ながら、いつも感じることがあります。それは、「ギフテッド」という概念なしに、これほど話の通じる仲間との出会いはありえなかった、ということです。どんなに困り感を抱えていても、いわゆる「発達に問題がある子」という枠組みだけでは彼らの特性は説明しきれません。会には2Eタイプの子どもも多いですが、やはり発達障害という視点だけではサポートしきれない資質をたくさん持っています。個性はさまざまでも、どこか同じ香りのする子どもたち。それを一言で表せる概念は、やはり必要です。ギフテッドの理解が進み、本当の意味で受け入れられる社会の到来を目指し、ギフテッド応援隊のお母さん、お父さんは今日も奮闘しています。

共感できる人との
つながりの場
知識を深めるための
講演会、勉強会

イベントを通じた仲間との交流

興味関心を共有できる
オンライングループ

保護者の
支援

子どもたちの
コミュニティづくり

社会や教育現場への
はたらきかけ

ギフテッドに関する情報提供
理解や支援を得るための活動

ギフテッド応援隊の活動

ギフテッド応援隊

「ギフテッドとの生活」を、保護者が語る

困りごとは、成長に伴ってどう変わる？

保護者から見て、ギフテッドの子どもたちは日々の生活にどのような困難を抱えているのでしょうか。ギフテッド応援隊の会員に、わが子が抱える困りごとや悩みを自由に挙げてもらったところ、年齢に応じた悩みの傾向が見えてきました。

≫≫ 感情面、生活面の困りごとの変化

幼児期～小学校低学年

不安が大きい
パニックを起こす
かんしゃくを起こす
過集中
できることとできないことの差が激しい
整理整頓が苦手

中学生・高校生

感情の波が大きい、すぐ泣く
疲れやすい、体調を崩しやすい
日常生活がスムーズにいかない
（食事、風呂、睡眠など）
スケジュール管理が苦手
忘れ物が多い

幼稚園児から高校生まで、子どもの年齢にかかわらず多くの保護者が悩みとして挙げたのは、感情のコントロールに関する問題です。とはいえ、その質は年齢が上がるごとに変化していきます。幼児期や児童期の保護者にとっては繰り返すかんしゃくやパニックが負担になっているのに対し、中学生以降になると感情の起伏が大きい傾

向はあるものの、「以前ほどは、気にならなくなった」と感じる保護者も多く、**成長に伴って次第に落ち着いていくさまがうかがえます**。幼児期には多くの子どもが陥る分離不安も、小学校高学年になるころには影を潜めていきます。

その一方で、疲れやすさを訴える子どもは年齢が上がるに従って増えてきます。感情面のコントロールができるようになった一方で、**発散の場を失い、ストレスを内にため込んでいる可能性に注意する必要がある**かもしれません。

もう一つ、成長に伴って増えるのは「スケジュール管理が苦手」、「忘れ物が多い」、「時間が守れない」など、自己管理に関わる課題です。もともと大人のサポートを得て何とかなっていたものが、自力解決を求められる年齢になり、目に見える課題として現れてきたと考えられます。

≫≫ 友だち関係の悩みの変化

幼児期〜小学校低学年

友だちができない
周りの子と話が合わない
自分の考えを優先して行動する
自分ができることを周りの子ができないことを理解できない

中学生・高校生

深い話のできる友だちがいない
周りに合わせようとする
自分を出せない

友だちに関する悩みを持つ子どもも、年齢を問わず多く見られますが、やはりその内容は成長とともに少しずつ変化していきます。

小学校低学年までの悩みは、シンプルに「友だちができない」です。

同じレベルの会話を楽しめるクラスメートがいないことからくる孤立です。難しい言葉を使って話すために何を言っているのか理解してもらえない、興味のあることについて共感し合える仲間がいない、といったことが孤立の原因でしょう。加えて、自分とクラスメートの理解度にギャップがあるという事実を本人がうまく受け止められていないことや、自分の価値観を優先して行動してしまう性質も、良好な関係づくりを妨げていると思われます。子ども自身も何とかしたい、友だちが欲しいと強く願うものの、思ったような関わり方ができていないことに気づき、不安や孤独を感じているようです。

年齢が上がってくると、「深い話のできる友だちがいない」、「気持ちが通じる友だちが少ない」という悩みが増えてきます。表面的な付き合いをするノウハウは身につけたものの、やはり本質的にわかり合える仲間を見つけることは難しく、周りからは見えづらいところで孤独を抱えてしまう可能性が考えられます。

ある中学生の保護者は、「周囲を困らせるような行動は以前より減ったものの、今度は周りを気にしすぎるようになった」と言います。適応することにエネルギーを使い、自分を出せなくなる子も多いようです。

>>> 学習面の困りごとの変化

小学校低学年

中学生・高校生

授業が退屈
宿題を強く拒否する
意見を聞かれていないの
に勝手に話す

勉強が苦手
勉強が嫌い、興味が持て
ない
努力する習慣が身につい
ていない
テストのケアレスミスが
多い
板書を写すのに時間がか
かる

　小学校低学年における学習面の困りごとの筆頭は、「授業が退屈」です。これは、学校の門をくぐったギフテッドが最初にぶつかる大きな壁と言えるかもしれません。ところが、年齢が上がるにつれ、退屈感を訴える声は次第に減っていきます。学習内容の難度が上がったことで、自然に解消する場合もあるでしょう。また、学力に見合った学校に進学した、ホームスクールなど自分のペースで学ぶ方法に切り替えた、学校以外の学びの場を確保したなど、その子に合った環境が手に入ったことが解決につながっているケースもあります。

　一方、代わりに浮上してくるのが「勉強が嫌い」、「勉強が苦手」といった悩みです。高い知的能力を有するにもかかわらず学力が伸びない、いわゆる「アンダーアチーバー」[用語6)]が成長とともに増えてくることがうかがえます。

　ギフテッドの子どもが学習につまずく要因は、いくつか考えられます。点数を追いかけてばかりの学校の勉強に意義を見出せず、真剣に取り組めない。完璧主義の性質が裏目に出て、失敗を恐れるあまり学習を拒否する。小学生の間は勉強しなくても簡単に問題が解

けていたため、努力する習慣が身につかないまま大きくなってしまった。不登校期間中に学習が遅れてしまった―中でも注目したいのが、何らかの発達面の課題が学習のつまずきに影響を与えているケースです。

　知能検査で高いIQを示す子どもが「授業がつまらない」と訴えれば、多くの人が知的能力と学習内容のギャップのせいだと考えるでしょう。けれども、こうした先入観によって、本当にサポートすべきポイントが見逃されている場合があります。ギフテッドの子どもは、書字障害や読字障害、算数障害などの傾向を持つ例が珍しくありません。しかし、高い知的能力で困り感をカバーすることができるため、多くの場合は障害と診断されるほどの深刻な状態に至りません。誰も気づかないままに成長し、勉強についていけなくなって初めて、実は人一倍の困難を抱えていたことが明らかになるケースもあります。

　子どもが授業に強い拒否感を示したり、宿題を嫌がったりする原因は、もしかしたらIQが高いせいだけではないかもしれません。字を書くことがつらい、集中力が持続しない―そうした発達面の課題が裏に隠れていないか、適切なサポートにつなげるためにも、一度疑ってみることが大切ではないでしょうか。

ユニークなわが子と、どう向き合う？

⋙ 大人の思いと、子どもの思いは一致しない

　ギフテッドの育児は試行錯誤の連続です。喜怒哀楽が激しく、好奇心旺盛でじっとしていない。頭の回転は速いし言うことは一人前だけれど、日常生活の簡単なことができない。難しい本を読み、興味のあることにはとんでもない知識量を誇るのに、学校では集中力がもたず叱られる。5分で終わる宿題に取りかかるのに1時間泣い

ている一そんなジェットコースターのような子どもに、親は振り回されっぱなしです。解決策を調べても調べても、一般的なアドバイスには当てはまらないことが多すぎて、ちっともうまくいく気がしません。

「今日は宿題に早く取りかかれたね！すごいね！」と心を尽くして声をかけたところで、子どもは無反応。大人に与えられた課題に価値を感じていないので、褒めても励ましても、ごほうびを用意しても、明日の意欲には悲しいほど結びつかないのです。

彼らが認めてもらいたいのは、あくまで自分の興味や関心に基づき、自分の意志で取り組んでいることです。逆に言えば大人は、子どもがキラキラした目をしている時間を尊重し、そのあふれ出る知的好奇心を全力でサポートしていくよりないのかもしれません。

育児雑誌を勝手に読んで、親にアドバイスしてくる小学1年生。
もう太刀打ちできる気がしない…。

>>> ワクワクする時間を、子どもと共有しよう

　忙しい日々の中、ギフテッドの子どもの果てしない探究心に付き合うことは楽ではありません。それでも、子どもたちが真剣に好きなことに取り組んでいる姿は、全身から喜びがあふれているようで、本当にほほえましく、力を貸してあげたくなります。時間の許す範囲で、図書館に一緒に行ったり、工作の材料や資料を用意したり、さまざまな体験ができる場所に出かけたりと、その世界に浸れる環境を整えたいものです。幸いなことに、今はその道のスペシャリストや、同じ興味を持つ人ともインターネット上でつながれる時代です。もちろん安全には気を配らねばなりませんが、出会いのきっかけをつくるため、さまざまなツールを積極的に活用してみてもよいでしょう。一つのことを突き詰めている専門家の中には、ギフテッドの気質を持っている人がたくさんいます。子どもが訪ねていけば、かつての自分と重なる部分を見出し、喜んで力になってくれることもあります。思わぬ縁が子どもの興味の広がりを、さらに加速させてくれるかもしれません。

　ギフテッドの子どもの興味は、千差万別です。同年齢の子どもが見向きもしないような物事に心をひかれる上、その知識の掘り下げ方や広げ方も尋常ではありません。「どうして、そんなものに興味を持ったの？」と聞きたくなるようなこともありますが、その子が愛してやまない世界に、大人もぜひワクワクした気持ちを持って首を突っ込んでみてください。わからないことを質問してみれば、子どもはきっと大喜びでたくさんの話をしてくれるでしょう。気がつけば保護者にもマニアばりの知識が身についていて、子どもと同じキラキラした目で魅力を語れるようになった自分に驚くこともあります。これまで縁のなかった世界への扉を開け、深くて広い面白さを

味わわせてくれる——それはギフテッドの子どもから保護者への、最高の贈り物だと思うのです。

>>> 論理的な対話と、心を通わせる対話と

　ギフテッドの子どもと話し合うときに大切なのは、「子ども自身が納得できているかどうか」という視点です。すでにお話ししたように、彼らは自分が納得できないこと、意味を見出せないことにはスムーズに取りかかれません。学校での学習や宿題だけでなく、日々の生活でもそれは同じです。子どもの話を聞き、どこに引っかかっているのかを明らかにすることが、問題解決の近道になることがよくあります。理解力があり語彙力の高い子どもは、論理的な思考を好みます。たとえまだ幼くても、手を抜かずに納得いくまで説明し、丁寧に話し合うことは、彼らの相手をするときに欠かせないポイントです。

　一方で、気をつけなければならないこともあります。理詰めの言葉は、ともすると話し手の感情をそぎ落としてしまいます。「うれしい」、「悲しい」、「ありがとう」といった気持ちを素直に表現しながら思いを伝えることも、彼らとの対話にはとても大切です。特に低年齢のギフテッドの子どもは、自分の気持ちを優先して行動してしまうことが多いのですが、「きれいに片付けてくれて、すごくうれしい！」などと感情を伝えることで、「自分の行動が相手の心を動かしているんだ」という気づきを与えることができます。相手の心の動きに敏感になれば、「自分は、たくさんの人との関わりの中で生きている」という事実にも思いが至ります。それはさらに、自分を大切にし他者を思いやる気持ちにもつながっていきます。

　子どもたちとの対話においては、論理的に考えを整理することと、心を通わせること、その両方を意識したいものです。

>>> 自分の殻を破る経験を

さまざまな魅力を持っているにもかかわらず、ギフテッドの子どもは自己評価が低い傾向にあります。完璧主義の性質や不安感からチャレンジを嫌う子どもも多く、保護者の間でも「自分の能力より簡単なことはやらず、かといってちょっと難しそうなこともやらず、意欲的に取り組める範囲が非常に狭い」、「新しいことにチャレンジしてみても、完璧にできなければすぐに諦めてしまう」といった悩みがよく聞かれます。

自分の興味の世界にどっぷり浸かることで満足し、新しいことになかなか挑戦しようとしない子どもたち。次のステージに進むには、時には思い切って殻を破るきっかけをつくることも必要です。不安だらけでも、失敗ばかりでも、それでも前に進まなければならない──繊細なギフテッドにとっては大きな冒険でもありますが、そうしたチャレンジは達成感や自信を与え、子どもを一回り大きく成長させてくれるでしょう。

ある程度年齢の上がった子どもには、そんな機会をぜひ意識的につくってほしいと思います。

個性が生きる居場所を探そう

>>> 学校に通うことに、こだわらない

保護者が興味に寄り添うことで有意義な時間をつくり出せたとしても、避けて通れないのは学校の存在です。

本書の第5章では学校でできる支援について紹介していますが、どんなに工夫を凝らしても学校という場がどうしても合わない子どもはたくさんいます。限られた子ども時代、心や身体に大きな負担をかけてまで学校にこだわる必要はありません。フリースクールに

通ったり、家庭で自由に学ぶホームスクーラーになったりと、それぞれのニーズに合った学びの環境を選ぶことも、今や珍しいことではなくなりました。民間の教育施設にもユニークな理念を持つものが増えており、選択の幅は広がっています。

2017年に施行された「教育機会確保法※」以降、不登校という選択は格段にハードルの低いものになりました。現在は、不登校の子どもに対し、「学校に復帰させることだけが目標ではない」という考えが受け入れられ、フリースクールの出席日数を学校の出席日数に付け替える、入学試験で内申点を持たない子に特別措置をとるなど、さまざまな配慮も進みつつあります。

子どもが居場所を見失ったとき、保護者は何とか解決しようと走り回りたくなりますが、あくまでも優先すべきは**子ども自身の思い**です。宿題との戦いに代表されるように、ギフテッドの子どもたちは大人が与えようとするものを素直に受け取ろうとはしません。必要なのは、**大人が出した結論を子どもに与えることではなく、子どもにいくつかの選択肢を提供し、一緒に考えることです**。

子どもが選んだものが大人から見て最適解ではなかったとしても、そこが本当に必要な居場所であるかどうかは、身を置く子ども自身が決めることです。「状況が変われば、また作戦を練り直せばいいね」と、広い心で受け止める姿勢が、子どもに安心感を与えます。長い停滞期を経たあとで、「高校に行きたい」、「大学に行きたい」と自分の足で立ち上がり、行動を起こす子どもを何人も見てきました。大人が誘導しようとして何とかなる子どもではないと、腹をくくることも必要かもしれません。次の一歩のために、子どもの手の届くところに新しい情報や出会いの選択肢を用意するまでが保護者の役割だと考え、長い目で見守っていきたいものです。

　※義務教育の段階における普通教育に相当する教育の機会の確保等に関する法律

>>> 理想的な学びの環境とは

　公教育の中にギフテッド教育のシステムを持たない日本ですが、ギフテッドにとって理想的な学びの環境とは、どのような場所なのでしょうか。ギフテッド応援隊の会員にそのイメージを尋ねたところ、多くの保護者が挙げたのは「知識を深く掘り下げていく、能動的な学びの場」でした。ギフテッドの子どもが「好き」に出会えたときの強烈なエネルギーを、保護者は何度も目の当たりにしています。それを知っているからこそ、自分の頭で考え、突き進んでいく彼らの魅力を最大限に伸ばせる場所の必要性を痛感しているのです。

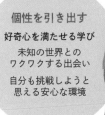

個性を引き出す
好奇心を満たせる学び
未知の世界との
ワクワクする出会い
自分も挑戦しようと
思える安心な環境

個性を守る
周囲に支えられた学び
「知りたい」、「学びたい」を
サポートしてくれる大人、
心に寄り添ってくれる
大人の存在
お互いを認め、刺激を
与え合える仲間

個性を伸ばす
興味関心に合った学び
学年の枠にとらわれず、
好きなことに好きなだけ
取り組める場
知識や技術を
高めるための情報

子どもたちの個性が生きる、理想の学び

　ギフテッドの中には、失敗を恐れ、自分の殻を破ることをためらう子どもが少なくありません。学校でうまくいかなかったという経験から、学びに対してマイナスの感情を抱いている子どももいます。

しかし本来の学びとは、未知との出会いであり、ワクワクするものであるべきです。あふれ出る好奇心を満たし、「やりたい！」という気持ちを育める環境がまず必要です。

　興味のあることに出会えたら、そこからはギフテッドの本領発揮です。あとは、自身のペースでストレスなく学びを深められる環境を整えてあげたいものです。環境さえあれば、必要な知識を身につけたり、そこからさらに新たな興味が芽生えたりと、子どもの学びの世界は自然に広がっていきます。

　もちろんそうした学びに欠かせないのは、周囲の支えです。知識や技術の習得をサポートしてくれる大人、心に寄り添ってくれる大人との出会いは、彼らにとって大きな栄養になることでしょう。同時に、心を許して付き合える仲間がいる環境も、孤独になりがちなギフテッドには大きな意味を持ちます。

　ギフテッド応援隊が主催する子ども向けのイベントでは、異年齢の子どもたちが肩を並べて遊んでいる姿を当たり前のように見ることができます。多様な仲間と過ごせる環境が継続的に与えられれば、子どもたちが互いに受ける刺激は、きっとさまざまな効果を生み出すでしょう。理不尽な要求をする大人には反発することの多いギフテッドですが、自分よりも年齢の低い子どもには優しい目を向けてくれるので、年齢の壁を感じることがあまりありません。彼らを見ていると、生まれ年で学年を区切り、一律の教育を受けさせるシステムの不自然さを感じずにはおれません。

　この先、柔軟な学びの環境を公教育の中で実現していく術はないのでしょうか。のびのびと学べる場を与えたくても、フリースクールなどを利用する場合は家庭の経済的負担が避けられません。地域によっては選択肢自体も限られます。個性に応じた自由な学びの場

を手の届くものにすることは、これからの教育の大きな課題といえます。現代は、ICT技術の普及に伴い、広域で支援の枠組みを考えることもできる時代です。小中学生が大学と連携して学べるシステムなど、新しい教育の仕組みをぜひ構築してほしいと思います。

>>> ギフテッドであることよりも、たった一人の自分であることを大切に―子どもたちに伝えたいこと

私たち保護者がいずれ社会に出ていく子どもに伝えたいことは、ギフテッドという言葉にいつまでも縛られないでほしい、ということです。ギフテッドはあくまでも一つのラベルであって、その人のすべてを説明してくれるものではありません。大切なのは、ギフテッドについて知ることではなく、自分自身を知ることです。ギフテッドという概念は、自己理解のためのツールにすぎないのです。

うまくいかなかったこと、困っていることを、「ギフテッドだから仕方ない」の一言で片付けるのではなく、ほかならぬ自分自身が、それにどう対処していけばよいのかを考えられるようになってほしいと思います。「ギフテッドなのに、いい学校に進学できなかった」などと落胆することはないし、ましてや「自分は、上位１％の人間だ」などと、知能検査の数値を心のよりどころにするのは本末転倒です。

「ギフテッドである自分」ではなく、「一人の人間である自分」として、得意なことも苦手なことも受け入れ、社会と折り合いをつける。そして、自分自身も他者も大切にしながら生きていけるようになる―すべての子どもたちにそんな日が来ることを、私たちは何よりも願っています。

ギフテッドの子どもを持つ
お父さんたちへ

　ギフテッド応援隊の約300名（2021年9月時点）の会員のうち、95％以上が女性、つまりお母さんです。会の活動を通じて聞こえてくる声からは、仕事・家事・子育てに追われるお母さんたちの切実な思いが伝わってきます。わが子に振り回されながらも家族の理解を得られず、1人で苦慮しているお母さんも少なくありません。育児に協力的なお父さんですら、ギフテッドのことにはあまり関心を持ってくれないといいます。

　型にはまらないギフテッドを理解することは簡単ではありません。だからこそ本来は、夫婦で情報を共有し、ともに考え、ともに悩みながら子どもたちと向き合うことが大切なのではないでしょうか。

　お父さんたちも、ギフテッドにもっと興味関心を持ちましょう！―そう呼びかけるのは簡単ですが、興味関心のない人をやる気にさせるのがいかに難しいことか、お母さんたちは日々の

生活の中ですでに実感していることでしょう。そこで、お父さんたちがもっとギフテッドのことを知りたくなるアイデアを1つ提案したいと思います。

■ 親子でOE! 自然体験のススメ

　活動性が高いギフテッドの子どもたちは、いつもエネルギーを持て余し気味です。そんな彼らを、自然が懐深く受容してくれると実感することが多々あります。自分で興味関心の種を発見できるギフテッドにとって、必ずしも遊具やアトラクションは必要ではありません。豊かな自然はギフテッドのOE（過度激動）を思い切り発散できる場所。しかも、その多様性や奥深さは、彼らの探求心、知識欲をもってしても尽きることがありません。

　そこでお父さんの出番です。子どもたちと一緒に森に出かけましょう。虫取り網を持って夢中で昆虫を追いかけましょう。川でずぶ濡れになって水の冷たさを感じましょう。大切なのはなるべく禁止事項をなくすことと、子どもと一緒に自分もオーバーエキサイトすることです。興奮した子どもと大人げない大人の共同作業は、日常ではなかなか得がたい親子の深い共感を生み出すはずです。そして、その中で子どもとできるだけたくさん対話をしてください。子どもが普段どんなことを考え、何を感じ、どんなことが好きで、どんなことに不満を抱えているのか、耳を傾けましょう。そうすることで、一見理解不能だったわが子の行動が、未熟なりにもちゃんと筋の通った信念に基づいていることに気がつくはずです。もしかしたら自分が子どものころにも同じようなOEがあったことを思い出すかもしれません。

　ギフテッドの子どもを育てるうえで、ギフテッドに関する知識は必ずしも必要とは限りませんが、彼らを真に理解しようとするなら、知識はやはり多いに越したことはありません。しかも、お父さんたちがギフテッドに関心を持つことは、子どもへの理解を深めるにとどまらず、お母さんが抱える悩みや不安を共有することにもつながります。どうですかお父さん、ギフテッドのことをもっと知りたくなったでしょう？

　これを読んでちょっと改心する気になったお父さんは、勇気を出して次の言葉を口に出してみましょう。

　―子どもたちとキャンプに行ってきます！

学校との関係を、
どうつくる？

学校と保護者は、ギフテッド支援の両輪です。

「学校との関係づくり」について、

保護者と支援者の声をまとめました。

学校とのすれ違いを防ぐための5つのポイント

ギフテッド応援隊

「わが子はギフテッドです」は、誤解を招く？

ギフテッドという言葉は、定義が一本化されていないためにさまざまな解釈で社会に広まっています。「何学年も飛び級をするような天才児」、あるいは「エジソンやアインシュタインのように世界を変えるレベルの才能」のようなイメージを持っている人も少なくありません。どのような子どもを想像するかは人によって違うため、学校と話をするときは、まずギフテッドという言葉のイメージをすり合わせるところからスタートする必要があります。

「誤解を防ぐため、先生に伝えるときはギフテッドという言葉を使わない」、「まずは発達面の心配ごとを伝え、先生との信頼関係ができてから知能が高いことを打ち明ける」など、伝え方に工夫をしているという保護者もいます。

定義に対する誤解
ギフテッド？天才児のことでしょ？

お母さん、まさかわが子を天才だと思っているんですか？

発達障害との混同
授業中勝手に発言するし、落ち着きがない。

かんしゃくを起こしてばかりだし、友だちとうまく関われていません。
発達障害の心配をした方がいいですよ？

「浮きこぼれる子」へのサポート体制がない
高IQだからと言われても…。

教室では特別扱いはできないですね。

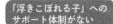

学校側とのすれ違い例

最初から「ギフテッド」という言葉を出して学校に理解を求める場合は、<u>どのような生きづらさを抱えた子どもなのか、具体的な情報にまで踏み込んだ丁寧な説明が不可欠です</u>。うまく伝わらなければ、学校側は「うちの子は賢すぎるので配慮してください」と要求してくる高慢な親だと思うかもしれません。学校の授業より高度な学習をしている子や先取り学習をしている子は、ギフテッドに限らず教室にいます。そうした子どもたちがきちんと授業に参加し、課題を手早く仕上げる姿を先生は見ていますから、「授業が退屈でじっとしていられません」と訴えるだけでは、「ほかの子はちゃんと集中して話を聞けますよ」と冷たくあしらわれてしまうのが関の山です。関係づくりの初めの一歩につまずかないためにも、客観的根拠となる資料を用意するなど、十分な準備をして臨みたいものです。

誤解されやすいポイントには、入念な説明を

- ●うちの子は天才だと、言いに来たわけではありません
  抱える生きづらさをお伝えしたいのです！

- ●知能の高い子が、優等生であるとは限りません
  得意と不得意の差が激しかったり、興味のありなしで行動が左右されたり、むしろ大変です！

- ●発達障害の代わりに、ギフテッドという言葉を使っているわけではありません
  発達障害と同じ支援方法では、うまくいかないことがたくさんあります！

- ●適切なサポートがなければ、学校生活につまずき、不登校などに発展する可能性があります
  合わない環境の中では多くの問題が起きると考えられ、真剣に心配しています！

情報の共有は、なるべく具体的に

　ギフテッドとは何者なのか、学校側に知ってもらうことは大切ですが、だからといって一般論を長々と解説することも良い手とは言えません。学校の先生が一番知りたい情報は、あくまで「その子自身にどういうサポートが必要か」ということです。わが子が何に困っているのか、どのような特性があるのかを１つずつ具体的に説明し、どう対応すればよいかの希望を伝えることが何より重要です。できれば口頭ではなく、文書化することをお勧めします。忙しい先生にも手早く読んでもらえるよう、要点はできるだけ簡潔にまとめましょう。シートに記入し、一つの冊子（サポートブック）にして渡すのも良い方法です。

サポートシートの活用例

現在の状況・問題点

字を書くことが苦手で、
ノートを取ったり宿題を
したりすることが大きな
ストレスになっているようです。

支援がない場合
こうなってしまいます

漢字を繰り返し書く宿題に、
強い拒否感を示します。
板書を写す作業が間に合いません。

検査結果・医師の見解・関連する特性

WISC-IVの結果より、新たな情報の即時記憶や保持が苦手であること、
素早い手作業が困難であることを指摘されています。

言語による問題解決能力が非常に高いにもかかわらず、処理が
思うように行かないため、そのギャップに常に苦労しています。

学校や先生へお願いしたいこと

ノートを満足に取れないことは決して本人の怠慢のせいではないと、
ご理解いただきたいです。

本人にとって効果的な支援方法

- 宿題は文字を書く量を減らし、負荷をさげる。
  計算ドリル：問題をノートに写すのではなく、直接答えを書き込む
  漢字学習：新出漢字を繰り返し練習する代わりに、
  その漢字を使った熟語を考えて書く など
  とめやはらいが正確にできていなくても大目にみてください。
- ノートが間に合わない場合はタブレットで板書を撮影する。
- 意見や考えはノートに書く代わりに、口頭発表で代替する。

補足事項

授業や宿題の補助としてタブレットやパソコンを利用することが可能か、
相談させてください。

第5章　学校との関係を、どうつくる？

ギフテッド応援隊では、学校で使えるサポートシートのテンプレートや
説明用資料を作成し、会員に配布しています。

困ったときには、専門家の力を借りる

　客観的な説明を補強するために、ギフテッドに理解のあるカウンセラーや児童精神科医など、専門家に間に入ってもらうのは有効な手段です。できれば年度始まりなどのタイミングに合わせて話ができるよう、段取りをつけます。専門家の同席がかなわない場合は、「どんなことを言われたか」を正確に学校側に伝えるようにします。

　特にIQが高いことで生じる困難については、保護者が自分の言葉で話すだけでは、どうしても「わが子自慢」、「わがまま」と受け止められてしまう危険があります。困り感が目立ちにくい子どもの場合は、「お母さん心配しすぎですよ」と軽く考えられてしまうかもしれません。そのような場合でも、専門家の助言が加われば、学校は素直に耳を傾けてくれることがあります。具体的な支援についても、専門家から提示してもらうことで実現の可能性が高まります。

　日常的に利用している療育機関などがあれば、そこで得られたアドバイスも学校に伝える体制をつくりましょう。子どもに関わる大人たちが、常に最新情報を共有できている状態が理想です。

専門家を交えることで、学校の理解は得やすくなる

- ●保護者から直接伝えづらい内容について、児童相談所の小児精神科医が間に入ってくれました。校長や担任に児童相談所に来てもらい、医師からの説明と質疑応答の場を設けました。その後、学校側の対応がとても良くなりました。(小学生保護者)

- ●学校では養護教諭がカウンセラーにつなげてくれたほか、担任や管理職への橋渡しをしてくれました。子どもの長所を挙げ、それを伸ばすことが必要だと意見を述べてくれました。(小学生保護者)

- ●配慮をお願いしても受け入れてもらえないとき、病院や大学の先生が代わりに学校と話をしてくれました。一人で立ち向かわなくてもよいという安心感で、精神的にも救われました。(中学生保護者)

子どもの良いところも、しっかり共有しよう！

　保護者が子どものサポートをお願いするとき、いかに大変なのかを知ってもらおうとすると、話題はどうしても子どもの苦手なことに集中してしまいます。でも、あれもできない、これもできない、という話ばかりしていると、学校に与えるイメージはどんどんネガティブな方向に偏っていきます。子ども自身も、自分のことを「ダメな子なんだ」と思うようになってしまうかもしれません。

　わが子を正しく理解してもらうには、**苦手なことを伝える一方で、得意なことや好きなこともしっかりと共有しておきたいもの**です。興味のあることと結びついたときに最高のパフォーマンスを発揮する彼らですから、そうした面を知ってもらうことが、課題解決に一役買ってくれることもあるでしょう。

　ギフテッドの子どもは、先生に褒められることやテストで満点をとることに何の価値も見出していないかもしれません。良い子であったことを褒められるより、「**へえ、面白いこと考えてるんだね！」という一言**の方が、きっと心に響きます。子どもがワクワクしていることに先生が目を向け、ポジティブに声をかけてくれるなら、それは子どもにとって大きなエネルギーになるでしょう。

「ピンチはチャンス！」、前向きな姿勢を忘れずに

　ギフテッドの子どもをサポートするためのノウハウを、学校はおそらく持っていません。地域によっては、IQが高いこと、発達障害と診断されていないことなどを理由に、思っているような支援を受けられない場合もあります。多くの親子が「要望を聞いてもらえなかった」、「適切な理解が得られずに困った」という経験をしている

のではないでしょうか。そんな経験が積み重なってくると、学校に不信感を抱くこともあるかもしれませんが、そもそも相手はイレギュラーだらけのギフテッドですから、うまくいかなくて当たり前だと、まずは受け止めましょう。諦めずに良好な関係の構築に努めることこそが、保護者のミッションです。学校とのやりとりは情報の宝庫です。日常的にスムーズな連携ができるようになれば、家庭では気づけないような問題が明らかになることもあるでしょう。

　時には相性の悪い先生にぶつかってしまうこともあるかもしれませんが、そんなときでもよくよく周りを見回せば、きっと味方になってくれる人がいます。数学の先生、理科の先生、音楽の先生など、子どもの得意な科目の専任教諭がよき理解者になってくれるケースもあります。担任の先生にこだわらず、とにかく学校の中に協力者をつくることが大切です。何でも相談でき、情報を共有し合える関係を築いていきたいものです。

学校でのサポートを受けているギフテッドは、全国にたくさんいる

学校と保護者は支援（ギフテッド）の両輪

≫≫ 困りごとを共有することで、支援の道筋が見えてくる

ここからは、ギフテッド応援隊の保護者アンケートの結果から、全国の子どもたちが学校で受けているサポートの実例をご紹介していきましょう。きっと、同じような困りごとを抱えているケースが見つかることと思います。さまざまな支援のヒントを、ぜひ学校と共有してみてください。

≫≫ ギフテッドの支援は手探り。小さな気づきを大切に！

「こうすればうまくいく」という万人に当てはまる支援法は、どこにもありません。「必要な支援」は、一人ひとり違うからです。保護者も手探りなら、先生も手探りです。でも、支援のヒントを実践し、そこから得た小さな気づきを根気よく積み重ねていくことで、見える景色は少しずつ変わっていきます。

Case

1 ▷▷▷ 授業の内容が本人の ニーズに合わない！

　子どもたちの多くが直面するのは、「授業の内容が本人のニーズに合っていない」という問題です。ただでさえいろいろなことをせわしなく考え、じっと座っていることの嫌いなギフテッドです。すでに知っている内容をじっくりと進めていく授業は、退屈でしかありません。授業時間を少しでも有意義に過ごせるようにするためには、どのような方法が有効なのでしょうか。

サポート実例 1 ▶ ## 別の課題や読書をすることを 認めてもらう

 テストや課題をすぐに終えてしまう子どものために、難度の高い問題プリントを用意してもらいました。自宅から問題集を持っていくこともあります。(小学生・低学年)

 心理師の先生が、時間が余ったときに読書や自習をして過ごすことを提案してくれました。クラス全体に取り入れてもらい、授業を越えた学びの輪が広がりました。(小学生・低学年)

　最もシンプルな方法は、別の課題にチャレンジできる環境を用意してもらうことです。ギフテッドに限らず、子どもの学習スピードは一人ひとり違って当たり前です。教室全体の利益にもなりうる方法ですから、不公平感がなく導入しやすいでしょう。最近ではICT教育の推進に伴い、学年の履修範囲を越えた内容にアクセスできるデジタル教材が導入されている学校もあります。こうしたツールを活用できないか、学校と相談してみてもよいかもしれません。

あり余る時間を

発展学習

創作活動

読書

有効活用！

サポート実例 **2** 「先生役」を務めるなど、授業の中で活躍する機会をつくる

 得意な教科がある子が先生役になって、クラスメートに勉強を教える機会があります。どうしたらわかりやすく説明できるかを考えることが、娘の学びになっています。クラスメートからは感謝され、みんなとの距離も近くなりました。(小学生・低学年)

 時間を持て余しているときは、算数の問題を作らせてもらっています。先生がプリントして学級で配布し、みんなが解いてくれます。自己肯定感が育ち、自信がついたと感じます。(小学生・低学年)

 グループワークでは、算数の得意な息子が中心になれるように配慮をしてくれているようです。体育ではビリばかりで劣等感を抱いているので、評価してくれる場があってありがたいです。(小学生・低学年)

　自分の頭で考えることを好むギフテッドは、「教えられるのは好きじゃないけど、教えるのは好き」という子が珍しくありません。その子にとっては簡単な内容でも、「先生」としてみんなにわかるように説明するためには、創意工夫が必要です。先生役を務めることは、きっと新しい挑戦になることでしょう。生物や科学に興味がある子どもなら、観察や実験のグループワークで中心的役割を担うこともできます。

　自由に考え発言できるディベートなどの授業も、彼らの得意分野です。意見を戦わせる中で、予想もつかないような深い考えが飛び出してくることもあります。みんなに喜んでもらえたという成功体験を積み重ねることができれば、子どもは少しずつ自分の存在意義を教室の中に見出せるようになるかもしれません。

得意な活動を通して、人と関わる

 休み時間に、音楽室のピアノを弾かせてもらっています。先生が聴きに来てくれて、ミニコンサートのようになることもあります。(中学生)

 小学校時代は朝の会でニュース係を務め、中学校では手作り新聞を毎日教室に貼らせてもらっていました。ニュースをまとめたり発表したりすることを、とても楽しんでいました。(大学生)

 学校の畑で育てている野菜の害虫対策を考える、見つけた生き物の説明をするなど、活躍の場をもらっています。友だちとの関わりが増え、コミュニケーションに自信が持てるようになりました。(小学生・高学年)

　子どもが得意なことを生かせるチャンスは、授業時間以外にも見つかります。今回の調査では、得意な折り紙をみんなに教えた、パソコンを使って発表したなど、学校で活躍の場をもらえたという声が、いくつも聞かれました。たとえ継続的な活動でなくとも、人間関係を築くことに苦手意識があったり孤独を感じたりしている子どもにとっては、得がたい経験になるはずです。周囲との関わりを増やすきっかけになることも期待できます。

このハチは滅多に刺さないから大丈夫。
こうやって蜜を吸った虫の体に花粉がついて、
他の花に花粉を運んでくれるんだ!
虫媒花っていうんだよ。

ハチ!

キャッ

Point!

自分の能力を知られることを、好まない子どももいる

　気をつけておきたいのは、ギフテッドの中には目立つことを嫌い、自分の能力を隠したがる子どももいるということです（女の子に多いと言われています）。このタイプは周りに溶け込むことに、常に神経を使っています。スポットライトを当てられることを好まない子どもを無理に表舞台に引っ張り出せば、逆効果になってしまう可能性があります。とはいえ、こうした子どもも自分を認めてもらうこと自体を拒否しているわけではありません。ノートや連絡帳の中でやりとりをするなど、周りからは見えないところで先生と心を通わせることができれば、近くに理解者がいることを実感でき、自信を深めていけるかもしれません。

先生方へ

片桐先生

**先生役を任せるときは、
本人の負担感にも配慮して**

　ギフテッドの子どもたちは、任されたら、うれしくて頑張りすぎてしまったり、「できません」が上手に言えなかったりすることもあります。先生役を任せるときは、本人のキャパと負担感のバランスにも、ご配慮いただけると助かります。

授業範囲外の内容であっても、質問に行けば先生方が教えてくれます。特に数学の先生は特別に課題を出してくれることもあり、やりとりを楽しんでいます。(中学生)

数学検定の受検勉強の際には、高校の学習範囲にもかかわらず、わからない問題を数学の先生が教えてくれました。(中学生)

　ギフテッドの子どもは一方的な指示や理不尽な押しつけを嫌いますが、本来は大人とおしゃべりすることが大好きです。質問や意見に耳を傾け、誠実に向き合ってくれる大人には、強い信頼を置きます。何でも気兼ねなく質問できる環境があれば、子どもの知的欲求は満たされ、「学校は退屈な場所だ」と思うことが減るかもしれません。

　ただし、質問はいつでもどこでもしていいわけではありません。授業中に質問を連発すれば、周りの子どもたちの学習の妨げになってしまいます。「いつ」、「どこで」なら質問をしていいのか、先生にも確認し、子どもとしっかり話し合っておくことが大切です。

サポート 実例 5 学習面の「苦手」への配慮

 漢字学習で何度もやり直しをさせられ、学校で泣いてしまいました。しかし、その後は本人の様子を見ながら手加減をしてくれるようになりました。おかげで漢字嫌いにならずにすみました。(小学生・低学年)

 読み書きが苦手。課題はスキャンしてタブレットに取り込み、画面上で手書き入力した解答をプリントアウトして提出しています。テストのときは問題用紙と解答用紙を少し拡大してもらっています。(中学生)

　子どもによっては、苦手なことに対する配慮が必要になることもあります。ギフテッド応援隊の保護者の間で特によく話題にのぼるのが、書字に対するつまずきです。学校の学習において「書く」という作業は重要な位置を占めるため、文字を思うように書けない、ノートがスムーズにとれないといった困りごとは、学校での生きづらさに直結します。幸い昨今は、タブレットで板書を撮影したり、音声入力や読み上げ機能を使ったりと、さまざまなサポートに電子機器を生かすことが可能になりました。その子の特性を慎重に判断した上で、学校と保護者とが連携し、できることを考えていきましょう。

板書の撮影やデータの管理は
先生にお願いすれば
トラブルになりにくい！
★欠席者のために活用したりと、
　みんなの利益にもなります。

学校でのサポート実例集　155

困り感が、見えにくい子どももいる

　得意な能力を駆使することで苦手をカバーしてしまい、問題を抱えていることが見えにくいケースもあります。こうした子どもたちの多くは、「苦手さはあるが、学習障害の診断がつくレベルではない」などと判断されます。診断名がなければ入学試験などで配慮を受けることができないので、ある意味最も不利な立場に置かれてしまいます。

　誤解されやすいのは、普段はきちんと取り組めない作業であっても、興味と結びつくや否や段違いのパフォーマンスを見せてしまうギフテッドの特性です。「いつもはちっともエンジンのかからない子が、オリジナルの童話をつくる課題では誰よりも長い作品をすらすら書き上げた」といった現象が、彼らの世界では当たり前に起こります。本人にとっては「苦手だけれど、興味があればやれてしまう」という状態なのですが、先生には「本当はできるのに普段はサボっている」ふうに見え、もっと真剣に取り組むようにと指導を受けがちです。課題に興味が持てるかどうかで結果に大きな差が出ることも、学校に理解してもらいたいポイントです。

先生方へ

日高先生

「得意なこと」と「教えるのが好き・得意」は、別物です

　子どもによっては、「得意なことはあるけれど、それを教えるのは苦手」ということもあります。それぞれ別のことだと分けて考えた方がいいですね。

　教室に長時間いることが難しい子や登校しぶりのある子は、保健室登校や別室登校を利用する方法もあります。実際にどのような対応ができるかは学校によって異なるため、日常的に利用するのか、教室からの一時的な待避場所として利用するのかも含め、よく話し合って最善の方法を考えます。

　別室登校は、リフレッシュの場として利用するだけでなく、学習面でも有効に活用できる可能性があります。一般の教室の場合、好きな教材に取り組めるのは課題が早く終わったときなど限られた条件の中だけですが、集団から離れた場所であれば、もっと融通が利きます。学習教材を持参して自習する、授業よりも高度な内容の課題に取り組ませてもらうなど、別室や保健室を自分のペースで学べる場として活用しているケースが見られます。

　さらにしっかりとサポートを受けたい場合には、特別支援学級（支援級）や通級指導教室（通級）を利用するという手段があります。発達障害を併せ持つ2Eタイプだけでなく、きめ細かい支援を受けることを目的に支援級に籍を置いているというギフテッドもいます（受け入れの条件には、地域差があります）。

教室

保健室

通級指導
教室

全部わたしの学びの場！

支援級では、個に応じた支援が受けられるというメリットを最大限に生かし、プログラムを組んでロボットを動かしたり、パソコンを組み立てたりと、通常の授業にはないような高度な活動をしている事例も、少数ながらあります。ただ、こうした取り組みができるかどうかは、支援する側との出会いの運によるところが大きいでしょう。苦手なことをサポートするノウハウはあっても、得意なこと、好きなことにまで目を向けた配慮をしてもらえるかは、学校、さらには支援者個人の方針による差がかなりあると思われます。地域によっても環境は大きく異なるため、支援級や通級の利用を検討する場合は、どのようなことができるかを事前にしっかり確認しておくことが大切です。

保護者・先生方へ

小泉先生

大切なのは、その子自身の学びや心の安定を保障することです

　ギフテッドの中には、過度激動や感覚過敏などがあり、「通常学級にいる」だけで、疲れきってしまう子もいます。ある子は、保護者と相談して、支援学級に在籍しながら、小学校〜高校時代を乗り切りました。そして先日、「希望の大学に受かりました」と、連絡が来ました。別の子は、中学時代は別室登校をしていましたが、高校は自分のカラーに合った学校を選び、「生徒会役員をしている」と、報告してくれました。

　大切なのは、その子自身の学びや心の安定です。「通常学級にいる」ということにむやみにこだわらず、支援学級在籍や別室登校を、「手段の一つ」と、考えてみてはいかがでしょうか？

　環境を整えることで、その子自身の学びや心の安定が保障され、その子らしい進路に繋がっていく実例を、私たちはたくさん見てきました。

2 ▷▷▷ 毎日の宿題が とてつもない負担に！

本人はもとより保護者にも大きなストレスとなるのが、学校から課される日々の宿題です。周りに相談しても「宿題の好きな子なんていないよ」、「ウチの子もなかなかやらないよ」と言われるばかりで、その深刻さはなかなか伝わらないのですが、ギフテッドの宿題の拒絶ぶりは生半可なものではありません。特に小学校低学年の頃は、10分もあれば終わりそうな課題が何時間たっても進まず、あげく逃走、号泣、ふて寝…。こんな日々の繰り返しに、天を仰いだ経験を持つ保護者は多いのではないでしょうか。

▼

漢字や計算の練習など、宿題はどうしても知識の定着や反復練習を目的としたものが多くなりがちです。けれども、「本人にとって意味のない作業」を課されることを嫌がるギフテッドは、すでに理解し習得している内容を何度も繰り返すことに大きな苦痛を感じます。

加えて、字を書くことが苦手な子や、完璧主義ゆえに納得がいくまできれいに書き直そうとするタイプの子には、宿題は二重三重の苦痛を伴うものとなります。

とはいえ、宿題にまつわる問題は家庭で状況が把握できるため、サポートの糸口をつかみやすいという利点があります。保護者にとっても大きな負担となる宿題タイムですが、わが子の学習上の課題に気づく最良の機会だと捉え、作戦を練っていきましょう。

家庭内で抱え込まず、学校に相談して情報を共有しておくことも大切です。対処法を模索する中で、宿題のみならず教室での支援に生かせる何かが見つかることもあるかもしれません。

反復の回数を減らし、意義を感じられる課題に変える

 「答えがわかっているのに、繰り返しをさせられるのは嫌だ」と言うので、学校と相談し宿題をやめました。その代わり上級生用の市販のドリルを用意すると、以前よりは取り組めるようになりました。(小学生・低学年)

 自主学習として、表計算ソフトを使ったグラフやプログラミングに関するレポートを提出することがあります。先生は決して否定することなく、褒めてくれます。(小学生・低学年)

　ギフテッドの子どもの多くは、自分にとってプラスにならない、労力を費やす課題に強いストレスを感じます。何度も繰り返さずとも知識が定着する子どもには、規定の課題にこだわらず、別の学びの方法を考慮してもよいかもしれません。達成感を得ることのできる課題を宿題として認めてもらうほか、自主学習ノートを「ごほうびの課題」として活用することもお勧めです。学校に相談する際には、「決して本来の宿題をないがしろにしているわけではなく、本人にとって魅力のある課題を与えなければうまくアクセルが踏めないのだ」ということを、理解してもらうようにしましょう。

サポート実例 2 苦手なことに配慮しつつ、宿題に集中できる作戦を考える

計算問題は口頭で解答し、親がプリントに記入します。大人の筆跡ですが、本人がきちんと計算していることを伝え、了承してもらいました。（小学生・低学年）

同じ漢字を何回も書くだけの宿題が全く進まず、途中で寝てしまうことも。その漢字を使った熟語を書く課題に変えてもらうと、「もっと面白い言葉ないかな」と楽しんで書くようになりました。（小学生・低学年）

　ギフテッドにとって、計算や漢字の宿題はとにかく苦行です。中でも低学年の子どもに課されることの多い百マス計算は、彼らが苦手とする要素（単純作業、素早い情報処理など）がてんこ盛りの、恐怖の宿題です。いさぎよく諦めて、他の宿題に変えてもらうのが吉かもしれません。

　漢字の宿題であれば、「書く回数を減らす」、「とめ・はらいなどが不完全でも、大目に見てもらう」といった配慮の方法もあります。

　クリエイティブな能力が高く、自由な発想で取り組める課題を好む子どもには「文章問題をつくってみよう」など、答えが1つに決まっていない課題を与えるのも一案です。

異様にやる気。

納得できていないポイントを探す

　具体的な対策を考える以外にも、重要なことがあります。それは、「本人が納得できない何か」が宿題を拒否する要因になっていないか、よくよく探してみることです。何でも突き詰めなければ気がすまないギフテッドは、宿題を「先生にやれと言われたんだから、やらなくちゃ」などとすんなり受け入れられるはずもありません。時には宿題の意義について説明を求めたり、指示に反発したりします。個々の課題についても、納得がいかないことが出てきたら最後、もう先には進めません。子どもがどの部分にモヤモヤした思いを持っているのかを探り、気持ちを受け止め、丁寧に説明することは、宿題と向き合う上での大切な視点だと思われます。

　与えられた課題の意義を感じてもらうには、その課題がこの先どのような知識や技術に結びついていくのか、見通しを説明するとよいかもしれません。簡単な課題から少しずつ難度を上げていく手法は、学習を進めるための定石ではありますが、全体像を捉えることの得意なギフテッドは、先に到達点の何たるかを知ることで理解が進む場合もあります。

　「今やっていることは、こんなことに結びつくのか！」という驚きが、学びへの興味をつなぎとめてくれるのです。

暗算で解けるんだから筆算はいらないでしょ？　途中式って何で書かなきゃいけないの？
筆算するのに必ず定規で線を引くって、どうでもよくない？
漢字の書き順って守らなきゃダメ？　読める漢字にまでいちいちフリガナ振る必要ある？
やることに意義があるというなら、提出するかどうかはボクの自由だよね？
そもそも宿題をやらされることに、誰も疑問を持たないことが疑問…

そんなこと
考えてる間に
宿題
終わるんじゃ…

小泉先生

子どもの良いところを引き出し、学びの共同戦線を一緒に張る

　私自身、教員をしていましたから、「みんなと同じように宿題をさせたい」という気持ちは、よくわかります。けれども、ギフテッドの宿題の拒絶ぶりは生半可でなく、親子関係に及ぼす影響は深刻です。また、宿題をめぐり、子どもとの関係性の悪化を経験された先生も多いと思います。

　では、どんな宿題であれば、ギフテッドはやれるのでしょうか？私の経験上、ギフテッドは、探求学習が好きな子どもたちだと思います。例えば、歴史なら、「テーマに沿ってうまくまとめる」といったことも上手です。その子の「調べ学習コーナー」が教室の中にあって、とても調べ込んだものが貼ってある…。それを見た同級生が「おお！　すごい！」などと刺激を受けて、学級全体が学びに対して意欲的になる…、そんな風景が理想です。

　「全員に同じ宿題をさせなければ！」と思うと、教員は苦しくなります。ちょっとした柔軟性を持つと、教員自身が楽なんです。もちろん、子どもも喜んで宿題をするし、保護者も楽です。ギフテッドの良いところを教員が上手に引き出せると、みんなが楽になります。

　私は、「学びの共同戦線」という言葉が好きなのですが、教員も子どももみんなで一緒に学んでいけるといいですね。教員が主体の「指導」ではなく、教員は子どものサポートに回り、「引き出し役」といった感じでしょうか。

「宿題戦争」をしていた幼少期。私が「集団から少し引いた視点」を獲得するまで

　私がギフテッドという概念をいつ頃から認知したかは実はあまり記憶していない。私がまだ小学生の頃、既に母がこの概念を理解しており、私をギフテッド児として接してくれていたので、私は自然の成り行きとしてこの概念を認識することができたからだ。したがって、成人になって初めてこの概念を知ったギフテッドの方がよく口にする、自分と重なることが多く衝撃を受けたというような鮮烈な初対面はない。

　私が過去の自分を母と語らう時、よく話題に上るのは「宿題戦争」である。漢字をただ書き写すという単純作業に当時の私は耐えることができず、机に向かおうとしては練習帳を放り出して逃げ出し、捕まると仰向けに泣き叫んで全身全霊で抵抗していた。母は宿題に向かわせようと必死に働きかけたものの、「パソコンがあるのに、なんで書き方の勉強しなあかんねん！」と叫び

一向に見向きもしなかった。宿題をこなす多くの同級生たちは、「先生に言われた宿題だから」とか「成績のため」となんのためらいもなく受け入れていたが、「なぜ先生に言われたことは絶対なのか」、「なぜ成績は優秀でなければならないのか」と疑問に思い、同級生の言う理由が当然のこととして信じ込まされている綺麗事にしか聞こえなかったのだ。同級生たちの無自覚な受容にいささか違和感を感じ、その信じ込ませる強力なパワーに楯突きたいという気概があったのかもしれない。

　ただ、私は全ての勉学に無関心であったかというとそうではなく、自分の興味関心の向く事柄には知的好奇心を燃やしていた。小学校高学年になると自分の関心ごとを宿題に落とし込むことを考え、漢字練習帳に物語作文を連載するという試みに出た。この際、当時熱中していたSFマンガに影響された短編を何作品か完成させることができ、家族から好評を得られた。この創作の喜びが原動力となり、現在、映像関係の学部に入学するまでに自分を前進させたのだから、つくづく感慨深い。

　こうした調子で小学校は卒業したが、この頃から起立性調節障害という病気に罹ってしまった。中学校生活は休みがちで、昼頃に目を覚ましては一日中ダラダラとテレビを見て過ごし、そのまま夜を迎えてまた眠りにつくという、自堕落なベルトコンベア生活を暮らすに至った。しかし私はあまり気落ちせず、いたって気軽であった。幸い友達に恵まれ週末には必ず私の自宅まで遊びに来てくれていたし、中学1年生の頃には気の合う先生も勤務していたので孤独感に圧倒されることはなかった。これは本当に恵まれていたことであり、今振り返ってもこの頃に関わってくれた方たちには感謝しきれない。また知的欲求も

継続して高かった。NHKが放映する「100分de名著」や美術関連の教養番組を毎週視聴し、世界の思想や芸術に感銘を受け自分なりの解釈を得ようと夜な夜な妄想に耽った。同時に、手塚治虫の著作に触れたのも大きな転機となった。その壮大なドラマや世界観、人間心理の微妙さに魅了され、作品を収集し熟読した。ついには母の協力のもと、マンガ研究の第一人者で同志社大学で教授を務める竹内オサム先生と対面し、研究についてお話をお伺いするほど手塚治虫にのめり込み、まるで教養を直に体内に吸収するような掛け替えのない喜びを覚えていった。

　だが、そんな経験からどこか自分本位な考えにとらわれ、状況に甘んじてしまっていたとも思う。当時はほとんど勉強をせず、好きなテレビやマンガには夢中になっていたが、何かの目標に向けて具体的に行動を起こすような努力をしていなかった。たまに授業に参加してもふざけて騒いで授業を中断させる生徒に苛立ち、2カ月に1回は廊下の窓ガラスが割れるという事件が多発していた我が校では、その度に全クラスの生徒を廊下に並ばせ1時間にわたって説教をする教師たちに辟易としていた。これらのことで同級生を非難する文章を書いたり、担任教師に大声で愚痴をこぼし、それを宥めようとする彼らを執拗に嫌って敵視していた。今思えば、教師の話も聞き入れ少しは歩み寄ってもよかったのではないかと反省する。教養や芸術に感動し、それだけで人間としての高みに数段上ることができたと錯覚し、自分自身は何も成し遂げられていないという現実から逃げていたのだ。

　しかし、この中学生時代の生活を、後悔はしていない。それはその後、現実と向き合い両親の支えや周囲の環境が私を良い

　方向へ導いてくれたおかげで、志望した大学に入学することができたという現状があるからこそだ。学校に行かなかった経験も今の自分に生きているという実感を持っている。それは自分を集団から少し引いた視点に置いて、ものを考えられるようになったということである。集団に従属し自分が見えなくなってしまうという悩みをよく耳にするが、自分自身に立ち返って視野が収縮しがちな枠から一歩踏み外す大切さもある。

　私が家にこもりがちだった時、テレビやマンガを通じて様々な価値観に触れ、知識を吸収する中で自分の居場所を見つけることができた。そして社会全体を考える足場にもなり、大学生活でも大いに役立っている。これは世間体から外れ、落ちこぼれたことで知ることのできた重要な糧である。

　私はこのように、一歩外れた視点に立つことで得られる知恵や道が存在すると強く信じている。

Case 3 ▷▷▷ 生活面にも いろいろな課題が…

ギフテッドの子どもたちは学校にいる間、生活面でもさまざまな困難にぶつかります。子どもにとっての学校は、家庭と同じくらい生活比重の大きな場所です。少しでも過ごしやすい環境を整えるためには、どのような配慮が可能なのでしょうか。

サポート実例 1　不安を安心に変えるサポート

> 周りに合わせることがつらくなったとき、好きなことをして過ごす時間をもらえました。完璧にやらなくても大丈夫なんだ！と肩の力が抜け、登校に対するハードルが下がりました。(小学生・高学年)

> 孤立しないよう、得意なことや興味のあることが似ている子ども同士を学年を越えて引き合わせてもらっています。(小学生・低学年)

　教室で過ごすことにつらさを感じる子どもには、保健室などの一時的な待避場所が重要な存在です。中には、「校長先生とおしゃべりを楽しんでいる」という子どももいます。理解してくれる相手が一人でもいれば、その存在は大きな支えになることでしょう。

　声かけの方法も重要なポイントです。丁寧に寄り添い気持ちを聞くことで、子どもの不安は安心に変わります。特別なことをしなくても精神面のサポートで状態が改善したという声も、多くの保護者から聞くことができました。

北風よりも太陽

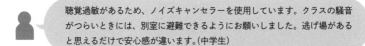

サポート実例 2 感覚過敏に対するサポート

聴覚過敏があるため、ノイズキャンセラーを使用しています。クラスの騒音がつらいときには、別室に避難できるようにお願いしました。逃げ場があると思えるだけで安心感が違います。(中学生)

音の情報を取捨選択することが難しく、先生の声が聞き取りにくいので、座席を教室の前方にしてもらっています。(小学生・低学年)

音楽の授業中、リコーダーをくわえるのが気持ち悪い、練習の時の音の響きがつらいと訴え、別室にいることを許可してもらいました。(小学生・高学年)

給食で苦手なものが出たときは、無理強いしないようにお願いしています。見守ってもらえる環境があることで、子どもは苦手なことにも挑戦しようという気持ちになれるようです。(小学生・低学年)

　大勢の子どもたちが生活する学校では、耳から目から、常にたくさんの情報が入り込んできます。感受性の豊かなギフテッドには、外からの情報を過剰に取り入れてしまう感覚過敏の傾向を持つ子どもが多くいます。

　集団生活で最も問題になりやすいのは、やはり音にまつわる困り感でしょう。

　「耳からの情報を、過剰に取り入れて疲れてしまう」、「大きな音が苦手」、「必要な音(声)と雑音を選別できない」など、困り感にはさまざまなタイプがあり、それぞれに応じた配慮が必要になります。

　先生の声が聞き取りにくい子どもは前方の座席に、チャイムなどの大きな音が苦手な子どもはスピーカーから遠い後ろの座席に座らせます。耳栓やイヤーマフ、ノイズキャンセリング機能のついたイヤホンなどを活用することもできます。疲れたり頭が痛くなったりしたときに休憩できる、教室以外の静かな場を用意してもらうのもよい方法です。

感染症対策のために社会に定着したマスクも、感覚過敏の子どもには着用が難しい場合があります。マスクのにおいや肌に触れる感覚を、不快に感じてしまうことが原因です。フェイスシールドなどの代用品を使用する方法が考えられますが、それも難しいケースもあるかもしれません。マスクを着用しないことについて、周囲の子どもたちの理解と協力を得られるかは、その場にいる大人の適切な働きかけにかかっています。

どんなサポートができる？

日高先生

「これまでの学校の当たり前」を、見直すチャンスかもしれません

　自治体によっては、感覚の問題に配慮して、ノーチャイム制を導入する学校も増えています。新しい試みは、「これまでの学校の当たり前」を見直すチャンスです。感覚過敏の子が通いやすい学校は、「ユニバーサルデザインの学校」とも言えるのではないでしょうか？

サポート実例 **3** 苦手なことにも、ひと工夫を

 体操着への着替えの際、周りの子のスピードに圧倒されて動きが止まってしまっていました。着替えの手順を紙に書いてもらったところ、着替えがスムーズになりました。（小学生・低学年）

 学習のスケジュールを立てるのが苦手です。先生と話し合って、試験までに何をするかを書き出し、声かけをしてもらいました。（中学生）

「一つのことに集中してしまい、周りの状況が見えなくなる」、「上の空で先生の話を聞いておらず、重要なことを忘れる」―こうした問題も、「ギフテッドある・ある」です。失敗の繰り返しは自己評価の低下も招くため、ここにも周囲のサポートや工夫が必要です。

特に発達障害を併せ持っているなど、困り感の強い子どもの場合は、しっかりと学校と話し合い、具体的な対策を立てておくべきでしょう。またその中で、子どもに「自分は何が苦手なのか」を理解できるように働きかけていくことも忘れてはなりません。苦手をどう補うか、自分で対策を考える力を身につけることも大切です。

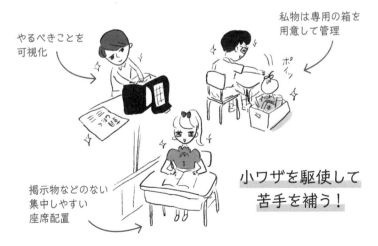

やるべきことを可視化

私物は専用の箱を用意して管理

掲示物などのない集中しやすい座席配置

小ワザを駆使して苦手を補う！

サポート実例 **4** 子どもの気持ちを受け止めることが、解決への近道

 掃除の時間に掃除をせず、クラスメートから責められてトラブルになりました。先生が「クラス代表の係活動」という形で、別室でできる作業を用意してくれました。(小学生・低学年)

 補助の先生をつけてもらったところ、心の葛藤を伝えられる相手ができて落ち着きました。問題が起きたときも、第三者の視点で状況を判断してもらえて安心です。(小学生・低学年)

 自由な校風の学校で、先生方は長い目で成長を見守ってくれました。話をよく聞き、認め、受け入れてくれたことで、小中学校時代に失った自信を取り戻し、希望が持てるようになりました。(高校生)

　集団に合わせることが苦手なギフテッドですが、決して自分の置かれた状況が把握できていないわけではありません。多くの場合、頭では今求められている行動をちゃんとわかっています。ただ、指示に従うことに納得がいっていなかったり、もっとワクワクできそうな何かを探していたりして、結果的に望ましい行動に結びついていないのです。理解はしているの

生徒指導の先生が、愛にあふれていた件

ですから、「今、何をするべきか」を懸命に説明しても、効果はありません。それよりも、子どもが参加したいと思える教室の空気をつくったり、信頼関係を築いたりすることで、「ここは自分の居場所なんだ」と感じられるような工夫をすることが本来は必要でしょう。

何か問題を起こしたとき、なぜそのような行動をしたのか、頭ごなしに叱らずに、子どもの意見をきちんと聞くことも肝要です。一見突拍子もないことをやらかしたようでも、彼らの行動の多くには明確な理由があります。子どもの思いを聞き取り、受け入れた上で、どういう行動をすればよかったのかを一緒に考えます。

ギフテッドの子どもは相手をとてもよく見ています。これは信頼できる相手だと感じられれば、人なつっこく心を開いてくれます。彼らを「指導すべき対象」と見るのではなく、一人の人間として真剣に向き合うことが、トラブルを減らす一番の近道ではないでしょうか。

先生方へ

日高先生

> 感情が高ぶってしまっている子には、まずは「受容」や「共感」をお願いします

感情が高ぶってしまっている子には、まずは「受容」や「共感」をお願いします。その子が、何を聞いて、何をされて、不安、怒り、悲しみを感じているのか？　ジャッジはせず、事実に耳を傾けてほしいと思います。

そうはいっても、先生も人間です。「相性」という問題があるかもしれません。そんなときは、周囲を見渡してみてください。学校には、たくさんの大人がいます。担任の自分が難しいようなら、保健室の先生、隣のクラスの担任でも大丈夫です。キーパーソンは、誰がなってもいいのです。その子にとってのキーパーソンは誰か？　先生が一緒に考えてくれるだけで全然違います。

適応しているように見えても、
困り感を抱える子どももいる

　一見学校でうまくやっているようでも、実は困り感を抱えている子どももいます。自分の気持ちを押し殺し、周りに合わせることにたくさんのエネルギーを使っているタイプです。もしかするとただの優等生に見えるかもしれませんが、実際には外から来るさまざまな刺激にひたすら耐えていたり、誰にも理解されないことに孤独を感じていたりします。彼らの葛藤は外から見えにくい上、自分自身も生きづらさを「こんなものだ」と受け入れてしまっているかもしれません。誰も気づかないままに大きなストレスをため込んでいる可能性があり、注意が必要です。

　学校と相性が悪いと言われるギフテッドですが、アンケート調査では工夫を凝らして子どもに向き合ってくれている、多くの先生の姿も見えてきました。**さまざまな個性を大切にする教室は、ギフテッドだけでなくどんな子にとっても利益になるはずです。**「みんなと同じように、あなたも」と決めてしまう前に、本当にそれ以外の選択肢はないのか、一歩立ち止まって子どもの思いに耳を傾けられる学校であってほしいと思います。

片桐正敏 ✕ 小泉雅彦 ✕ 日高茂暢

聞き手
楢戸ひかる

車輪を効率よく(連携して)走らせるには?

— 私は学校現場を取材することが多いのですが、取材でお会いする多くの先生方は、「集団を動かすこと」と「個性の尊重」のジレンマに悩んでいらっしゃると感じます。

小泉　「ギフテッド支援は、学校と保護者が両輪」とはいうものの、両者だけで抱え込んでしまうと、おのずと苦しくなってしまいます。

— では、どうすればよいのでしょうか?

小泉　「学校外のリソースを見つけておく」という視点は重要だと思います。療育機関、医師、またはギフテッドの好奇心を満足させられるような研究をしている研究者など、リソースはいろいろあります。

片桐　こと教育現場は、多職種連携が進んでいない印象です。例えば医療現場では、医師と看護師だけで仕事が成り立ちませんから、理学療法士、ソーシャルワーカーなど、多職種連携に積極的です。最近、「チーム学校」の下、連携する学校も増えてきましたが、「医療や福祉、学校に配置されているスクールカウンセラーと、どう連携すればいいかがわからない」といった先生からの声も聞きます。まずは、「教員だけで、何とかしなければ」という発想から抜け出す必要があります。

— 抜け出すコツはありますか?

日高　そこで鍵となるのが、保護者だと思うのです。多職種連携をする際〜例えば、医療機関と連携する際〜、「学校の先生が病院に

行って話を聞く」というのは、個人情報保護法などもあって簡単にはいきません。保護者のカウンセリングでは、そこを繋ぐきっかけをつくるよう、アドバイスをすることがあります。

― どんな感じで、繋ぐのでしょう?

（日高）その子の育ちに必要な情報を、保護者が媒介者となって運ぶイメージです。例えば、「デイから学校」、「医師から学校」、「カウンセリングクリニックから学校」、または「プログラミング教室から学校」といった例も聞いたことがあります。

（片桐）連携のための具体的なツールがあった方が、どう働きかけてよいか、保護者も迷わないと思います。例えば、ギフテッド応援隊が会員向けに配布しているサポートシート（p.145参照）や、各自治体が作成している個別の教育支援計画を活用するなど、学校と連携をするためのツールを上手に活用してみてほしいです。

― 情報を受け取る学校側として、注意することはありますか?

（日高）連携の動きがきたときには、担任一人で情報を受けてしまわないことです。保護者からの話は、必ず管理職（校長、副校長・教頭）や学年主任、養護教諭など、複数人で伺うことが大切です。

（小泉）ここ数年で、学校側から民間の児童デイサービスに対して、「情報が欲しい」という申し出を頂くようになりました。「子どもが抱える困り感を、多くの大人で共有する」という感覚を持つ人が増え、学校が動き始めています。これは、多様性に注目が集まっていることと、無関係ではないのでしょう。多様性は、ギフテッドの子どもたちを理解するキーワードですからね。

（片桐）通常学級におけるギフテッドの多様な学び（Learning Diversity）と困り感を学校全体で共有し、合理的配慮を行いつつ、同時に外部の専門家を生かした多職種連携が広がることを切に期待します。

ギフテッドと
発達障害

ギフテッドの子育て環境を整えるために、
「発達障害の特性」との関係性を
知っておきましょう。

片桐

小泉　日高

ギフテッドと発達障害

ギフテッドと発達障害の違い

　ギフテッドは、人との関係で悩んだり、困り感を抱えていたりすることから、「結局、ギフテッドは発達障害だ」とお考えの人がいるかもしれません。確かにギフテッドの中には、発達障害があり高い知能を示す人（2Eと呼ぶことがあります。詳しくは、p.189以降参照）もいますし、2Eではなくとも、ギフテッドの中には発達障害の特性を一部持っている子どもが存在するのも事実です。

　ギフテッドと発達障害の違いを理解するポイントを、2つに絞ってお伝えします。最初のポイントは、「発達障害の特性はすべての人に存在し、その中の一部が特に強くても発達障害とは言わない」ということです。例えば、自閉症スペクトラム障害とされる特性を部分的に満たすだけでは診断できないのです。ただし、特性はあり、場合によっては発達障害特性への配慮や支援が必要なこともありますが、次に述べるポイントも考慮して関わる必要があります。

　2つ目のポイントは、ギフテッドが持つ「強み」と「弱み」です。ギフテッドによく見られる「特定のものへの強い興味関心」を例にして考えてみます。ギフテッドは、探究心が非常にあり、他者を寄せつけない集中力を示すことがあります。これ自体は「強み」ですが、結果的に、周囲が見えていなかったり、特定のものへのこだわりを持っているように見えたり、一人遊びばかりしてしまっているように映ります。何もしていないときでも、想像力を膨らませて、頭の

中で多くの情報を処理しているため、傍目で見ると、不注意やボーッとしているようにも見えます。

こうした場合は、「特定のものへの強い興味関心」＝「強み」の裏返しとして、「周囲に適度な関心を向けるのが下手」＝「弱み」があると読み解いた方が、実情に即しています。なぜならば、一人遊びになってしまうのは、特定のものに集中している結果、他の子どもが寄りつきがたい状態になっていたり、やっている行動や話している内容が高度すぎてついていけない結果、一人になっているだけで、決して他者と関係が築けないために一人遊びをしているわけではないからです。つまり、一つの場面で起きている行動、現象だけ切り取ると、確かに発達障害の特性の一つが現れているように見えますが、これはあくまでも<u>ギフテッドの子どもの強みの反面として出てきた弱みであって、場面が異なればこうした行動が現れないことも多いのです。</u>一方発達障害の場合は、複数の場面で発達障害の特性が一貫して、持続的に認められる必要があります。

ギフテッドと発達障害を、区別して考えるべき理由

>>> 1.発達障害と同じ支援方法では、うまくいかない場合が多い

　強みの裏返しで弱みが出ている場合、発達障害の特性と間違われやすいのですが、発達障害は脳の機能、また認知特性と環境との相互作用の結果として発達障害の行動特徴が認められるので、同じようにギフテッドの子どもに配慮や支援をしてもうまくいかないケースが多いでしょう。

　先ほどの例のように一人遊びをしているギフテッドの子どもは、人と関われないわけではないので、対人的な関わりへの支援をしてもあまり意味はありません。ボーッとして不注意に見える子どもも、あれこれ自分の興味のあることを考えているだけであって、ボーッとするのをやめさせたりすることで、かえって子どもが反発するかもしれません。

>>> 2.発達障害と同義に扱うことで、弱みばかりに目が向いてしまう

　ギフテッドへの配慮や支援の肝は、ギフテッドの「強み」をどう扱うかです。一般的に配慮や支援となると、弱みや問題行動、困り感に対する配慮や支援が中心となってしまいます。もちろん子どもや親の困り感に対して配慮や支援は必要ですが、そこばかり注目して関わってしまうと、ギフテッドの子どもの支援は不十分で終わってしまいます。

　前述した通り、「強み」があっての「弱み」なので、強みをうまく引き出したり、強みを生かしたりする配慮や支援(p.49では、「強みを存分に発揮できる環境を保障する」のがポイントであることを述べました)を行うことで、本人の能力を伸ばすことに繋がるほか、子

ども本人の自己効力感や自己肯定感が高まります。結果的に弱みが解決されたり、困り感が目立たなくなったりすることもあります。

>>> 3.発達障害の枠でしか、考えられなくなる

ギフテッドという「ラベル」で、「枠組み」を作ることで、多くの人に理解してもらいやすくなります。一方で、「枠組み」があることで、それにとらわれてしまう側面もあります。かつてほど血液型性格判断を信じる人は少なくなってきましたが、血液型は性格に関係があると信じてしまうと、例えばO型だと「大雑把な人」といった枠でその人を捉えてしまいます。

一番困るのは、支援者が発達障害の教科書的知識に縛られてしまうケースです。支援者がギフテッドを自閉症スペクトラム障害と思い込んでしまうと、「対人関係が苦手で、視覚優位」と、ごく一般的な自閉症スペクトラム障害像を子どもに当てはめて支援やアドバイスをしてしまいます。「コミュニケーションが苦手なんですよね」と保護者が相談した時に、支援者が子どもの特性を理解せずに、「絵カードを使って、コミュニケーションをするといいですよ」とアドバイスをしたところで、高度な会話を親子でしているギフテッドの子どもにとっては、的外れのアドバイスになってしまいます。

支援者が発達障害という思考の枠で考えてしまうと、「目の前の子どもの姿を丁寧に見る」という当たり前のことができなくなってしまい、「してもいない行動を、さも起きているように説明される」、「すでにできていることを、できていないと決めつけられる」といったことも起こり得ます。その結果、障害特性への介入に終始し、潜在的に持っている興味関心のある分野・テーマに関する学業的、学問的、芸術的な能力は開発されないままになってしまうことは[48]、子どもにとって大きなマイナスになります。

ギフテッドと発達障害を、見分けるポイント

現実には強みの裏返しで出てくる弱みは、時として発達障害の特性と酷似していることがあり、結果として診断基準を満たしてしまうことで、誤って診断されることが指摘されています[11]。ギフテッドの子どもに対する有効で効果的な配慮や支援を行うには、発達障害の特性を見極める必要があります。特に間違われやすいのが自閉症スペクトラム障害とADHDでしょう。

▶▶▶ 自閉症スペクトラム障害(ASD)と見分けるポイント

ギフテッドと自閉症スペクトラム障害(ASD)を見分けるのは、容易ではない場合も多いでしょう。最近ではチェックリストを作り、鑑別しようとする試みもあります[49]。ここでは、ウェブが挙げるギフテッドと自閉症スペクトラム障害の社会性の問題について、観察する上で3つのポイントを紹介します[11]。

1.人間関係の質的な問題が、人や活動によらず一貫して現れるか

自閉症スペクトラム障害の場合、社会性の問題は人や活動によらず一貫します。一方、ギフテッドの場合、知的水準の高い人同士との交流や同じ興味関心を持つ人同士との交流では、人間関係の構築と維持に困難を見せないことがあります。関わってきた子どもの中にも、ギフテッド同士の交流や、趣味の活動(鉄道や科学館、将棋等)を通じた交流は普通にできたり、リーダーシップを発揮して活動をうまくまとめるような子どももいました。学校や地域において、社会性の問題が生じる相手、場所、活動に注目することが重要です。

2.他者の感情（共感）や意図の理解に問題があるか

　自閉症スペクトラム障害や自閉症スペクトラム障害のある2Eでは、共感や意図の理解に困難さを示します。特に言語能力の高いアスペルガー症候群や2Eの場合、言語能力と推論で共感や意図理解の問題を乗り越える場合があります。この場合、私たちは苦労せずに自動的にできることを、意識的に推論することになります。一度に関わる人数、思春期以降の複雑な人間関係等の状況によって、推論の難易度が変わるため、人間関係に強い疲労感を示したり、推論に失敗し周囲から顰蹙を買ったりすることがあります。人によっては、一人の時間やごく一部の友人関係を大切にし、人間関係を制限することで問題が見えにくくなっているかもしれません。

　自閉症スペクトラム障害のないギフテッドの場合、逆に共感力が高すぎて、かえって失敗してしまうケースがあります。あれこれと先読みしすぎたり、裏の裏まで読んでしまうといった過剰適応の状態になり、結果的に相手に不審がられることもあります。そのため、人間関係に強い疲労感を示したりすることもあります。

3.社会性の問題に関する自己理解の有無

　子どもの発達段階にも依存しますが、自閉症スペクトラム障害の場合、周囲が自分をどのように理解しているのか、自分の行動や問題をどのように理解するのかが難しい場合や、独特な解釈をしている場合が見られます。

　一方、自閉症スペクトラム障害のないギフテッドの場合は、適切に理解していることが多いです。自閉症スペクトラム障害のあるギフテッドの2Eの場合、発達段階や状況の複雑さ、いじめ経験の有無等によって自己理解ができる場面と難しい場面が生じるため、注意が必要です。

>>> 注意欠如多動性障害（ADHD）と見分けるポイント

　ギフテッドの子どもの行動の中には、ADHDの不注意特性や多動・衝動性の特性のように見えるけれど、質的に異なる特徴も臨床観察から提案されています。

　以下に示すような共通点、相違点を意識して子どもを観察したり、園や学校の情報を集めたりし、その内容を医師に伝えれば、誤診や不要な薬物療法を避けることができるかもしれません。なお、ギフテッド研究者のリンドは15のポイントを挙げています[50]。ここでは、特に4つに絞り紹介します。

1.不注意や多動・衝動性の一貫性

　ADHDの場合、不注意や多動・衝動性の特性は家庭・学校・地域等、さまざまな場面と活動に一貫して観察されます。ADHDのある2Eの場合も、場面や課題によらず問題が一貫して観察されます。

　一方、ギフテッドの場合、自分の興味関心のテーマや活動、やりがいを感じる課題の場合、一人で長時間集中して取り組むことができるなど、不注意や多動・衝動性の特性が一貫して現れないことが挙げられます。

2.ADHDのような問題の背景に、モチベーションの問題や本人の意図があるか否か

　例えば、課題の未提出といった失敗において、ADHDでは課題の存在そのものを忘れることが多いです。一方、ギフテッドの場合、興味関心がない課題に対し意図的に提出しない、やりたがらない、といった行動が見られることがあります。課題に対してやる気がわかず、課題を行わない理由を言葉巧みに訴える等、本人の意図が関係していることが明らかです。やりたくない理由が心理的な壁と

なって期限ギリギリまで行わず、課題を最後までやり遂げることが難しいこともあります。逆に、本人にとってやりがいを感じたり、やるべき価値や意味があると思ったりする課題であれば、単調な課題でもやります。課題や活動の内容によって、ADHDのような行動が増えたり減ったりするという変動性があるとも言えます。

3.注意のそれやすさと、復帰のしやすさの違い

ADHDの場合、周囲の声かけや雑音等、活動とは直接関係のない情報が邪魔になって、集中が途切れやすく、また一度集中が途切れると活動に復帰するまでに時間がかかります。

一方、ギフテッドの場合、興味関心のない活動時はADHDと似ていますが、興味関心のある活動時には周囲の妨害を無視して活動に専念することができます。仮に、声かけや食事等、別の作業等で一度活動が中断しても、興味関心がある場合はすぐに元の活動に復帰することができます。逆に、興味関心のある活動から注意がそれにくく、活動の切り替えが難しいかもしれません。

4.不注意に見えても、大人の指示を理解している

ADHDの場合、不注意による聞き逃しや忘れ、多動衝動性の特性のために十分に理解しないまま行動に移し、ミスするそそっかしさ等が見られます。

一方、ギフテッドの場合、周囲の指示や説明を聞いていないように見えても、確認の質問を行うと適切な回答をできることが多いようです。ある子どもは、授業中、先生の説明や指示に興味を示さず、ボーッと過ごしていましたが、全体への投げかけの質問や問題練習の進捗に関する質問等には反応していました。このように一見すると似ているものの、よく観察するとその違いが見えてきます。

ギフテッドの中にある発達障害の特性

　前述した通り、誰にでも発達障害の特性は多かれ少なかれあります。発達障害は「スペクトラム」と言われるだけあって、連続的で、定型発達との境目は曖昧です。

　何度も繰り返しますが、「発達障害特性」と「発達障害」は、分けて考える必要があります。ここは、しっかりと押さえておきたいポイントです。ギフテッドの子どもの中にも発達障害特性を持っている人がいます。特にこの特性が強く出すぎてしまうと、困り感に繋がってしまうことがあります。代表的なのは、感覚の過敏さです。この過敏さは、ギフテッドの子どもの多くに見られますが、ギフテッドの強みから出てくるものではなく、脳の機能的な問題に起因するものです。例えば、蛍光灯やLEDのチカチカが気になって集中できない、というお子さんもいます。確かに50ヘルツ、または60ヘルツの交流電流で蛍光灯やLEDをつけているので、ずっと光り続けているわけではなく、チカチカついたり消えたりしているわけですが、多くの人はあまりそれを感じません。

　こうした過敏さは、人によって出方が異なりますし、感じる度合いもずいぶん異なります。逆に鈍感というのもあります。こうした過敏さや敏感さによる困り感については、わかってもらえないことが多いようです。私たちが感じないものを感じる、ということを理解するのには、相当想像力を働かせる必要があります。

　ギフテッドに見られる特性に対する配慮や支援は、発達障害のある人たちと同様の配慮や支援ですむ場合とそうではない場合があります。感覚の過敏さなどは、基本的には環境調整(過敏の原因となるものを環境から取り除くか、弱める)や、刺激から遠ざかる、避ける(ノイズキャンセリングヘッドフォンを使う、その場から離れ

る、など）ことで問題が解決することがあります。発達障害のある人では刺激の遮断や統制をするために、環境の構造化が有効な場合もありますが、定型発達の人でも同様のことを行っています。

　一方、例えば多動の場合はどうでしょうか。通常ADHDのあるお子さんの場合の指導では、一定の動きは保障してあげる配慮を行ったり、見通しを持たせることで我慢ができるように支援したりします。ギフテッドの子どもの場合、こうした配慮や支援も有効な場合もありますが、あまり有効ではない場合もあります。ギフテッドの知的好奇心や探究心をくすぐる関わりをしたり、エネルギーをより生産的な活動に振り向ける、といった関わりを通して、ギフテッドの特性を生かした支援ができるかもしれません。ただ落ち着きがない行動に見えるものも、実際には子どもにとって非常に意味のある行動だったりするかもしれません。その場合は、行動が空回りしないような配慮や支援が必要となってくるでしょう。

知的好奇心を刺激する関わりを！

>>> ギフテッドの読み書きの課題

　一方でギフテッドの中には、文章の文脈はきちんと理解できているにもかかわらず、簡単な問題文を読み違えたり、読み落としたりする子がいます。しばしば見かけるのが、記号で書きなさいというところをわざわざ漢字で書いて×をもらうケースです。答えはわかっているけれども問題を読み落としてしまうのです。また、漢字を何十回書いても覚えられない子もいます。実際にノートの字も見ても判読するのが大変です。協調運動^{用語1)}が苦手さと関連して、書字の困難を抱えているのは推察できました。

　ある子どもは、書くことだけではなく読むことや計算にも時間がかかることを教えてくれました。テストの結果だけ見ると読解力も高く数的操作能力も高いのは事実です。でも、読み書きや計算は彼らの中では苦手なわけです。子どもにとったらハイスペックなCPUを持ちながら、メモリー不足なコンピュータの状態と言えます。

　最もわかりやすいのが、「読み」に関してです。通常であれば文字を順番に読んでいく逐次処理が行われますが、読みが苦手なギフテッドの場合は、単語の意味に依存した文脈処理が行われます。大意は理解できますが、細かい部分まで読みきれていないのでエラーが生じてしまいます。

　算数に関しても公式の意味や数的概念は理解し、方略も立てられるのですが、計算が追いついてこないために答えまでたどり着かないのです。さらに、書字の困難さが拍車をかけ、計算しているうちに自分の文字の読み違えまで起きてしまいます。

　それでも、高い知的能力で苦手な読み書き計算の能力をマスキングしてしまいます。そのため表面上は、学習面では問題が生じていないということになります。保護者が学校に対して学習面での困り感を訴え続けても、通じなかったのも頷けます。

2E(二重に特別な支援を必要とする)

日高

特別な才能と発達障害を併せ持つ子ども

　ギフテッドの中には、限局性学習障害(LD)や注意欠如多動性障害(ADHD)、自閉症スペクトラム障害(ASD)、発達性協調運動障害(DCD)^{用語1)}等の発達障害を併存する人も存在し、発達障害に由来する特別な支援や配慮と、ギフテッドに対する特別な支援や配慮と、2つの観点から支援を必要とします。このような人を2E(Twice-Exceptional：二重に特別な支援を必要とする)と言います。さらに、ひらがなのように1文字1音の対応関係が明瞭ではない英語圏では、日本語よりも読み書き障害の症状が出やすいことから、ギフテッドかつLDのある2Eを特にgifted & talented students with LD(GTLD)と呼ぶこともあります。

　詩集「Failure」でピューリッツァー賞を受賞したフィリップ・シュルツ(Philip Schultz)は、授賞式で自分がLDであることを語りました。自分の子どもがLDと診断されたことをきっかけに、言葉の意味を理解するのに時間がかかる、字がとても下手、ものの名前を間違える、辛抱強く読めない、書くことを含む宿題のほとんどは投げ出す等の症状がLDによるものだと気づいたそうです[51]。建築家の藤堂高直は、知能検査では非常に高い知能を示したそうですが、イギリスに留学した際に初めてLDの診断を受けたそうです[52]。そのほか、スティーブン・スピルバーグ監督や恐竜学者のジャック・ホーナー博士などもLDの診断を受けており、このような方々はまさに2Eと言えます。

第6章　ギフテッドと発達障害

才能と障害が、長所や短所を見えにくくする

　しかしながら、子どもが2Eであることを識別することは難しい、という現実があります。**才能と障害が互いに影響し合い、長所や短所を見えにくくすることがある**からです。日本の小学校・中学校の通常学級には約6％ほど特別な配慮を要する子どもがいます。2Eについて長く研究を続けてきた松村は、アメリカにおける2Eの子どもの割合を参考に、その3分の1、約2％が2Eである可能性があると試算しています[53]。松村が試算した2％の2Eの子どもたちは、その長所に焦点が当たらずいわゆる「困った子」と扱われている可能性もあります。2E研究を行ってきた小倉は、先行研究に基づき、2Eの子どもが置かれる状況を3つ紹介しています[54,55]。

>>> 1.「才能には気づかれるが、障害には気づかれない」タイプ

　言語発達や行動面でのパフォーマンスがよく優れた能力を周囲が理解している一方、読み書きが苦手である等という特徴が見過ごされ、適切な支援を十分に受けられていないパターンです。成長に伴って、期待される学力と実際の学力のギャップが大きくなったり、1問1答式の試験成績が良いにもかかわらずレポートが書けなかったりと、問題が表面化してきます。このパターンの場合、周囲は「やればできる能力があるのに…」と、本人の苦手な部分を怠けと理解し、励ましたり脅したりする等して頑張らせようとしますが、解決に結びつかないことが多いとされます。

>>> 2.「障害には気づかれるが、才能には気づかれない」タイプ

　学習面や行動面の問題が大きい場合に陥りやすいタイプで、本人の障害特性や苦手な部分に対する共通理解と支援がなされる一方、

本人の興味関心のあるテーマや活動といった才能を伸ばすという視点がないものです。この場合、障害特性を踏まえた教え方等の工夫をすることで、特定分野の知識や技能を身につける可能性があるにもかかわらず、学習しないままになります。

>>> 3.「障害にも才能にも、気づかれていない」タイプ

　行動面でも、学力面でも大きな問題が生じていないように見えるパターンです。友人関係の構築やコミュニケーションに少し発達的課題があっても、同級生との交流を避ける、一見すると「心配だけど問題のない子ども」と理解される場合が見られます。そのほかにも、通常の人でも難しい論文の読み込みや数学・物理等の抽象概念を理解するような段階になると、LDによる概念理解の問題が学習内容の難易度によって見えにくくなります。「努力すればできる」と反復学習するけれど結果が伴わない、と落ち込む場合もあります。

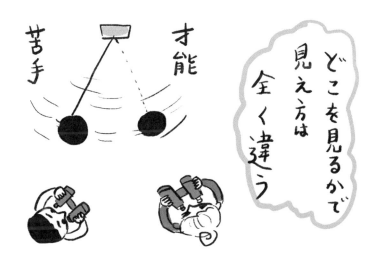

読み書きが苦手なギフテッド

　ギフテッドの子どもの中には、読み書きスキルは年齢相応、あるいは少し苦手だけれど年齢平均の範囲内に収まる、という子どもがいます。ウェブは、平均的な成績よりも低く設定する障害の医学的基準を、LDのあるギフテッドに適用することは問題があると指摘しています[11]。彼は、知的水準の高いギフテッドにおいて読み書きスキルが下位2～3人程度というのが、通常の知的水準における平均に位置するため、医学的診断基準をそのまま適用するとギフテッドが示すLD症状を見逃してしまい、2Eとしての適切な支援を受ける機会を損なってしまうと述べています。

　LDを示す2Eの子どもの自己肯定感の問題は、できないことに注目し自己評価を下げるという悪循環が生じる可能性が高いです。その結果、学習に対する意欲や興味を失い、不登校になる場合もあるでしょう。このような悪循環を防ぐため、学力を高める、才能を開発するといった視点とは別に、LDに対する自己理解と適切な特別支援を受けることが、LDのある2Eの心理的な問題をフォローする上で必要です[55]。

　LDのある2Eに対して学習面や心理面の支援は必要です。しかし、現実には、知能検査や学力試験の表面的な数値が、周囲の人の誤解を招き、支援に繋がらない場合も多いでしょう。IQや学力の高さから、読み書き計算等の困り感が些細な問題と扱われ、「あなたより困っている人がいます」と支援を断られたケースも聞いたことがあります。また本人も「こんなことで支援を受けるなんて自分はやっぱりダメなんだ」、「支援を受けるのはずるい」と、支援を拒否するケースもあります。

2Eの抱える問題

　2Eといっても併存する発達障害によってその困難はそれぞれです。また人によって、障害特性の重症度や環境が異なるため、生活上の制約は多様です。その2Eの困難を手当てしないままでいると、心理的な問題や学業的な問題を示すリスクが大きくなります。

>>> 心理的な問題

　2Eに限らず、ギフテッドは精神疾患のリスクがあることが指摘されています。例えば、最も多い精神疾患であるうつ病（抑うつ）は、2Eでも見られる可能性があります。ギフテッドや2Eの子どもで抑うつが見られる要因として、学校の教育課程のマッチングと保護者の関わりが挙げられます[11]。教育課程のマッチングの問題では、ギフテッドの子どもは学校の授業内容を十分に理解しているために、退屈で過ごすことが繰り返されることで、学習性無力感のような状況になることが抑うつを誘発するとされます。パッと思いついたことを自分で探求したり質問したりしたら叱責される、自分のやりたいようにやってはいけないんだ、学校では何もできないんだ、という感覚になるのではないか、と考えられます。保護者の関わりの問題では、ギフテッドの過度激動や2Eの障害特性について、「普通」になるよう繰り返し叱責されたり訓練を強要されたりすることが長期間続くことで抑うつになると考えられます。ウェブは、学校の先生や保護者、友人等、誰か一人でもいいので理解者がいることが抑うつをはじめとした精神疾患のリスクを下げると訴えています[19]。

　では、ギフテッドや2Eの子どもは抑うつになりやすいのでしょうか？　アメリカのメンサ会員の調査では、ギフテッドの抑うつの有病率は26.8％と全米での有病率9.5％を大きく上回っています[56]。

一方、思春期の子どもを調査した研究では、ギフテッドではない子どもと比較して、ギフテッドで抑うつが多いとは言えないという結果も多く報告されています[57,58]。現時点では、子どもも成人も、生まれつき抑うつになりやすいともなりにくいとも言えません[59]。その人が所属する環境の理解やシステム的な配慮・支援がなければ、抑うつになる可能性が高い、ということです。特に中学校や高校における理解者や支援的な環境の存在が重要と考えられます。

>>> 学業的な問題（アンダーアチーバー）^{用語6）}

アンダーアチーバーとは、知能に見合うだけの学力が伴っていない状態です。2Eにはモチベーションの低下、敏感さ、低学力による脱落に直結するような困難さといった問題が見られます[60]。特にネガティブな教育体験は、モチベーションの低下と自己概念に大きく影響します。その結果、学業不振になることもしばしば見られます。2Eの子どもでは、小学校4年生から中学生にかけて学業不振が進むこと、また学校に対する所属感や適応感といった感覚が低下することが知られています[61]。

例えば自閉症スペクトラム障害のある2Eに限定した調査では、WISC-IVのワーキングメモリー指標と処理速度指標がいずれも数学、読解、筆記の学業成績と関係することがわかりました[62]。この調査では、自閉症スペクトラム障害の診断（アスペルガー症候群であるか高機能自閉症であるかどうか）、言語理解指標、速修プログラム（アクセレーション）の3つは学業成績と無関係であることも明らかになりました。WISC-IVのワーキングメモリー指標と処理速度指標は、知能の核心ではありませんが、経験や教育から学んだ知識、技能を活用したり、情報を理解し、論理的に思考したりするための基盤と言われます。2Eにおいてワーキングメモリー指標と処理速度

の低さは学業上のつまずきを生みやすいと考えられます。

　ギフテッドや2Eの学業不振は、性別の影響を受けることも知られています。その子どもが所属する地域の男性役割と女性役割によって、特に女性は知的好奇心を十分に満たしたり、学業的達成を追求したりすることが難しくなる社会的要因が存在します[57]。知的能力の高い女子児童や女子生徒は、周囲に溶け込むよう、友人や異性からの評判を意識し、学業や学問的な内容への興味関心を隠す様子が見られます[63]。その結果、知性過度激動を抑制し、あえて勉強しないように振る舞い、学業不振状態になることがあります。

　そのため、思春期・青年期は知的ギフテッドの女性にとって生きづらいものになります。ジェンダー問題と合わせて、地域社会のあり方を是正することが求められます。

2Eへの長所活用型の支援

アメリカでは2Eの子どもに対して、才能教育と障害に対する教育、どちらの特別支援教育を優先すべきか議論があるようですが、特別支援教育からギフテッドを排除しないこと、障害を理由に才能教育への参加拒否をしないこと等、双方の教育課程に参加することを認めています[53]。

2Eは、現在の日本の学校教育の中でどのように位置づけられるでしょうか。日本では才能の開発に焦点を当てたギフテッド教育は公教育の中に位置づけられていませんが、2Eの障害特性に対する支援は従来の特別支援教育の範疇です。そのため2Eの子どもは、障害特性や問題行動による特別な教育ニーズに対して支援や合理的配慮の提供を受けるのが一般的です。

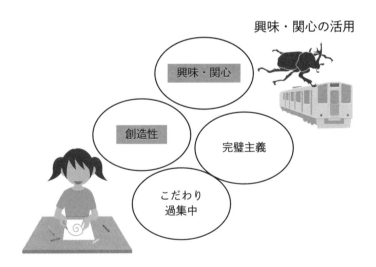

興味・関心の活用

では、長所に焦点を当てた支援はないのでしょうか。地域、所属校、担任等による対応の違いがあるため、全国一律であるわけではありませんが、実は実践されています。ギフテッドではない障害のある子どもの教育では、しばしば短所補充型の支援と長所活用型の支援の2つの観点から考えられてきました[64,65,66]。長所活用型の支援を柔軟に実施した結果、才能を伸ばすギフテッド教育と類似の実践が学級単位や教育委員会単位で散見されています[2,67,68,69,70]。

　そのため表面的には2Eの支援はないけれど、実際には、保護者の方が教育委員会や学校長、特別支援教育コーディネーター、在籍級担任と情報共有し、相談し、連携していくことで実現しているところがあるという実態があります。2Eのある本人や保護者にとっては、自分の暮らす地域や学校が柔軟な運用をしているか、はっきりしない、運次第であるという点は苦しいところです。

　ですが、暗い状況ばかりではありません。文部科学省は2019年に「社会の持続的な発展を牽引する力の育成に関する調査研究」の中で、各国のギフテッド教育や2E教育を調査し、日本における2E教育の可能性を議論しています[71]。今は2E教育の過渡期に当たるのかもしれません。この機運が教育政策や教育現場に届くよう、まずは現場から本人を中心とした家庭―学校―専門機関の連携と実践を蓄積することが大切だと思います。

>>> 特別支援教育におけるギフテッド、2Eへの支援

　通級指導教室にも特別支援学級にも、その対象にギフテッドや2Eという文言はありません。しかし、LDやADHD、自閉症スペクトラム障害の診断がある場合は利用可能性が高くなります。不安症による登校しぶり、過敏性腸症候群や起立性調節障害等の心身症がある場合、情緒障害の枠組みで対応してくれる教育委員会もあります。

　そして、通級指導教室や情緒障害特別支援学級において、柔軟な対応として私たちが見聞きした範囲で、①擬似的な速修（アクセレーション）、②興味関心を活用した学習、③似た特性や困難を持つ仲間（ピア）の形成といった3点が取り組まれています。

❶ アクセレーション（擬似的な速修の支援）

擬似的な速修の支援とは、本人の能力がありモチベーションの高い特定の科目や単元だけ、当該学年の範囲を超えた内容を扱う対応です。教科書の内容を中心に、本人の理解度と理解するペースに合わせて、関心のある科目は情緒障害特別支援学級で個別に先取り、そうでない科目は通常学級で当該学年の授業を受ける、といった対応を提供してくれた小学校もあります。

❷ 興味関心を伸ばす

興味関心を活用した学習として、本人の知的好奇心を満足させる学習内容を設定し、インターネット等を活用して調べ物学習を増やす支援もあります[2]。専門分野の特別指導として、年間15回の時間をとって、プログラミングでゲーム作成、落語会、桜の開花予想の計算等、本人がテーマを設定し、担当教員や専門家の協力を受けながら学習する報告もあります[67]。通常学級の中では、調べ物学習等アクティブ・ラーニングを行う内容も時間も質も、同年齢集団の中での制約があります。通級指導教室や情緒障害特別支援学級において行われるアクティブ・ラーニングは、2Eの子どもの知的好奇心を満足させる可能性が高いです。

❸ ピアの形成

通級指導教室や特別支援学級の利用状況によっては、似た能力や興味関心を持つ子どもが集まることがあります。2Eの子どもたちの小集団は、興味関心分野が近いため互いにコミュニケーションがしやすい状況が生まれます。そのような環境の中で、興味関心のあること、困っていること・場合の対応等を子ども同士で話すピア・カウンセリング機能を持つことがあります[72]。その結果、素の自分

を出してもよい場所、共感できる仲間がいる場所という居場所として、情緒的な安定を支えてくれます。また仲間を通じて自己理解を深めるきっかけにもなります[68]。

>>> 「短所補充」と「長所活用」の、2つの観点が大切

　以上のように、2Eのある子どもの学校での様子は、いずれの場合も子どもの長所や短所が見えにくく、2Eであると認識されにくい状態になっていることがあります。特に学習面や行動面の問題が大きな場合、家庭や学校等で共同生活をするという適応上の要請があるため、短所に注目してしまうことは仕方がないところでもあります。

　一方で、本人の困り感や障害特性が十分に理解されず、努力不足やわがまま等の不当な評価を受けている可能性もあります。その場合、本人は一生懸命頑張っているけれど、なかなか報われない、ということになり、心理的なストレスも大きいでしょう。

　大切なことは、発達障害のないギフテッドの場合でも、発達障害などを併せ持つ2Eの場合でも、通常の子どもと同じように長所と短所、凸凹を持っているという大前提に立って、障害特性に焦点を当てた短所補充型の支援と、本人の興味関心や優れた能力に焦点を当てた長所活用型の支援の2つの観点から支援計画を立てることです。そして、どちらの支援にしても、本人や家族・支援者の多大な努力を要するものであれば、本人や周囲がつぶれてしまい、支援は継続しません。

　現時点で手当ての急がれる緊急度の高いニーズは何か、ということを意識することが重要です。

第 **7** 章

ギフテッドの
未来

今のギフテッド教育は、常に「才能」に注目が集まり、
「困り感」が置き去りになりがちです。
ギフテッドの未来について考えてみましょう。

ギフテッドの個性を伸ばすギフ寺の実践

小泉

きっかけとなったアソブンジャーSNOOPY倶楽部

　本州に呼ばれて講演に行く際には、子どもたちとの活動を楽しむようにしています。関西では、嵐山に行ったり、王子動物園（有馬温泉）に出かけたり、関東では高尾山（高尾温泉）に登ったり、日光東照宮にも出かけました。いつの間にか小さなお友だちも増え、関西や関東からメンバーが、ぷりずむ（旭川学習障害児親の会）のキャンプに遊びに来てくれて、一緒に平山や旭岳も登りました。

　なぜ子どもたちと関わるのか？　最初の嵐山のお花見の振り返りでは、私のブログに「インスパイアというのは、無駄に高い金をかけて子どもたちの持っている高い能力を引きあげることではなく、目の前のハードルを跳ぶ時に少しだけ手助けしてあげること。ちょっとだけ抱えている悩みに対して、違った視点や考え方、そして勇気を与えること。それは、花見というゆるい場だからできたのかもしれない。相談の場では、お互いに構えてしまい難しいかも。場所がないと支援ができないということにこだわり過ぎていたな」と書いていました。

　学校とか相談室のような場では、なかなか素の子どもの本音が引き出せません。求められているのは**「縦の関係性」**ではなく、**時には横になったり、必要に応じて縦になったりする「柔軟な関係性」**になります。それとなく子どもたちには「何となく、君を見守っているおじさんが北海道にいるよ。困ったらおいで」と、気持ちを伝えて

います。保護者の相談を受けるにしても、子どもを知っていることは、最も重要な要素になります。

　当時、私が北海道での相談を終えるたびに抱えていたのは、子どもたちに対して具体的な援助ができないというモヤモヤ感でした。今までの取り組みが、ギフテッドの子どもたちの居場所である寺子屋を作ろうというきっかけになりました。

ギフ寺づくり

　ギフテッドの勉強会や相談会を重ねながら、少しずつ保護者や子どもたちとのネットワークが形成されるようになりました。最初は、登山からスタートして、保護者と協働でボードゲーム大会に取り組むようになりました。回を重ねたある日、ゲームを終えた後、大学の食堂でランチをとりに学食に行きました。子どもたち同士でテーブルに陣取り、食べ終わった後も秘密基地の話で盛り上がっていました。その時、子どもの一人が描いたのが下の図です。それぞれの部屋には持ち主がいて、中央下段の部屋には「このへやはいることがふかのうだ（なかまいがい）」と書かれていました。子どもたちは、仲間たちとの秘密基地（居場所）を求めていたのでしょうか。

秘密基地の絵

その様子を見ながら、子どもたちの関係性が育っているのを実感し、そこに寺子屋（コミュニティ）をつくる意味を感じました。単に、子どもたちの居場所というだけではなく、保護者のコミュニティやソーシャルサポートにもなってほしい。「学び」に関しては、「勉強」という枠組みにとらわれず、自分の世界をきちんと広げてほしい。「勉強」ではなく、自分の学び（やりたいこと）を見つけることが大事です。そんな思いが寺子屋にはあります。

　保護者と活動を通しながら、ギフテッドの子どもたちの寺子屋（通称、ギフ寺）づくりについて話を進めました。当初考えていた子どもたちの活動の拠点となる「寺子屋」に加え、保護者と子ども理解とその背景や援助について一緒に学びを積み上げられる「茶屋寺」、寺子屋の子どもたちに限らず広く相談に対応する「駆込寺」の、3寺としてギフ寺計画を進めました。何よりも、家庭と次のコミュニティを繋ぐ、「トランジッション・コミュニティ」として考えました。保護者の皆さんには、「もし行くところがなかったら来てみては」と伝えています。あくまでも、子どもが来てみたいというのが前提です。

　札幌にあるNPO法人はるの支援を受け、運営しているコミュニティカフェを活動場所として提供していただきました。ギフ寺は、毎週金曜日に実施し月に1回土曜日にアクティビティを設定、主に「駆込寺」と「茶屋寺」は水曜日にという体制で、2019年12月にスタートしました。

ギフ寺の3つの役割
寺子屋、茶屋寺、駆込寺

● **寺子屋：子どもたちの居場所**
・居場所/憩いの場
・人との関係性を育てる
● **茶屋寺：保護者の居場所と情報交換の場**
・子どもの情報交換
・ギフ寺の運営に関して
・学びの場、輪読会
● **駆込寺：困ったときに相談できる場**
・ギフ寺の子どもたちの相談
・WISC-Ⅳの検査

参加メンバーは、主に以前からアクティビティに参加していた小学生と相談会を通して声をかけた中学生のメンバー、合わせて10名ほどです。スタッフは、スタート時は私を含めて3名でした（現在は1名）。

ギフ寺の内容は、前半は個別の学習、後半はみんなでボードゲームやカードゲームで遊ぶ時間と、以前北海道大学で取り組んでいた土曜教室の枠組みを踏襲しました。最初の頃は、自分たちで学習課題は持ってきていましたが、明らかに嫌々ながらノルマとして取り組んでいました。少しずつ軌道に乗りかけた時期に、コロナ禍と重なりギフ寺もお休みし、オンラインでの教室運営を余儀なくされました。月1回のアクティビティでも、ケーキ作り、調理に取り組んでいましたが、春になってからは、感染を避けるべく円山登山や藻岩山登山に取り組みました。

憩いの場としてのギフ寺

　ギフ寺は、その後新型コロナウイルスによる休校明けに学校を通うのをやめた中学生から、「ギフ寺は唯一の癒しの場」との一言で中学生の枠を広げました。中学生たちは奥の部屋でどっしり腰を据えて、それぞれ自分のゲームをしたり、時には対戦をしたり、3時間楽しんで帰っていきました。

　ずっと不登校で引きこもりがちになっていた子どもも、ギフ寺には通ってきます。なぜ通ってくるかを知るべく「Youは何をしにギフ寺へ」をテーマに子どもたちに作文をお願いしたのですが、即答で断られ、リサーチすると、彼らから出てきた言葉は、「遊びに来る」、「友だちに会いにくる」、「ゲームをしに来る」、「話をしに来る」、「まったりしに来る」、「何となく」と短い答えでした。本を書くので助けてという私の必死のお願いに、一人の子どもが文章を寄せてくれました。

　「私は小泉先生とは6年前の冬、北大で初めて会いました。その後も何度か会って、ギフ寺に行くことになりました。ギフ寺では、ある同学年の女の子と意気投合しました。同級生の子がわからない内容をわかってくれたり、簡単な説明でわかってくれるからだと思います。またそんなこともあり、ギフ寺は本音が出せてストレス発散できる場所となりました。そこでしか会えない友達とおしゃべりしたり、安心できる先生がいるから無意識的に好きになって私にとってギフ寺は絶対に行きたい場所No.1に輝いたのです。」

　ギフ寺に通ってくる子どもたちの背景には、子どもたちが自分を飾らず、素の自分でいられ、そして何となく自分のことをわかって

くれているおじさんがいる場所として認識しているようです。

　私自身、スタート時どこかでこの子たちの才能を開花させなければという気負いがありました。そのため、何とか学習してほしいというオーラを発していました。でも、学校で対教師や子ども集団の中で、疲弊している子どもたちがのんびりできる姿を見て、==ここは学校ではないし、何かを押しつける場でもない、わかり合える友だちがいる「居場所」が、子どもたちの成長にとって大事なこと==と思えるようになりました。「才能」にこだわることで、子どもの姿が見えなくなっていたかもしれません。

　中学生の一人が、「学校に行っている間は、勉強はやらされるものだと思っていた」と語っていました。きっと==目的を持ち「学びたい」と思ったら、彼らは自分から学ぶこと==と思います。それが彼ら彼女らの特性だからです。

異年齢集団の大切さ

　中学生の子どもが、小学生の子どもを見て、自分の小さい頃を見ているようだと語っていました。学習場面では、中学生が小学生の問題を助ける場面も見られました。いつもは親や私に対してもため口の多い子どもたちですが、中学生のお兄さんたちには、丁寧に話しかけていました。子どもたちにとっては、中学生はリスペクトする対象として捉えられていることが見受けられました。自分よりものを知っていると感じられるBBS（Big Brothers and Sisters Movement）は、ギフ寺の小学生においても大きい存在となりました。

　異年齢集団の有効性を考慮に入れ、グループ分けをやめて2時間制にして取り組むことにしました。子どもたちは、それぞれパソコンや端末を持ってきて、一緒に遊ぶことが増えていきました。中学

生もそれぞれの得意とするジャンルが違う中で、一緒に遊べるゲームを考えて取り組めるようになってきました。

　ある子どもが、「パソコンのマインクラフトがフリーズして何カ月も動かない」とパソコンが得意な中学生に相談をしました。彼は、あれこれ探りながら原因を突き止め、バグを直してくれました。小学生にとっては、素敵なお兄さんです。ある時は、子どもが作成したマインクラフトを友だちに解説を入れてもらい、YouTubeにアップしようという取り組みをしました。中学生を囲んで、子どもたちがわからないことを聞きまくり、無事にアップすることができました。

　一人ひとりがバラバラだったのが、いつの間にか共同作業にも取り組めるようになってきました。社会性というのは、周囲が押しつけるのではなく、子どもたちが安心できる仲間がいる場で身につけていくというのを実感しました。

小学生から中学生に話しかけることは少なかったのですが、マインクラフトがきっかけで、いつの間にか会話が弾むようになり、カードゲームに誘う場面が増えてきました。暗黙の了解があり、やりたいことに取り組んだ後、後半にカードゲームに取り組むようになりました。中には、端末でゲームをしつつカードゲームに参加している子もいます。周りから、声をかけられゲームに戻ってくるのが当たり前の風景となっています。ビジターで遊びに来た年長さんのお子さんを、小学生がゲームを教えながら遊ぶ姿が見られました。

　日常の会話を通す中で、ある子どもがYouTubeを見ていた時に、「僕、この人嫌い」との反応に、見ていた子どもが「人それぞれ好みが違うからね」と返していました。子どもたち同士が関わる中で、自分と周りの違いを知り、自己理解へと繋がっていると思います。

　ギフ寺のスペースは、「源泉掛け流しの温泉」という表現を使っています。私の役割は、足すことも引くこともなく適切な温度を維持する湯守です。子どもたちはのんびり効能あらたかな温泉に浸かりながらリフレッシュして帰っていきます。いつか、新たな居場所を見つけるまで役割は続くのかと思います。

保護者の集える茶屋寺

　ギフ寺の2つ目の活動である茶屋寺の活動は、月1回、コミュニティカフェを活用しながら、ランチを持ち寄り、子どもたちの近況やギフ寺での子どもたちの様子、文献を読んだり、WISC-Ⅳの勉強会に取り組んだりしてきました。何よりも、わいわいとランチをとりながら話をする時間が、保護者にとっても楽しいひとときとなっていたようです。途中から、オンラインに切り替わりましたが、土曜日のギフ寺の時は皆さんが、近所のカフェでいろいろ情報交換を

しながら盛り上がっています。

　茶屋寺のメリットは、保護者にとっても居場所であることです。保護者は、子どもがユニークな存在であり、周囲からの理解を得られにくく、孤立しがちになることが多々あります。同じような悩みを抱える仲間の存在は、共感を得やすく、時には自助サークルのような役割を果たしています。事実、子どもよりも保護者の参加が多く見られました。

　もう一つの茶屋寺のメリットは、保護者とともに子どもたちを理解する環境が整いつつあるということです。保護者にとってはWISC-Ⅳの勉強会や輪読会を進める中で、知識が集積され子どもの抱える凸凹や特性の理解へと繋がっていったと考えられます。会の中でも、子どもについての疑問や課題が出され、みんなで知恵を絞ります。大半の子どもたちにWISC-Ⅳを実施することができ、保護

者と子どもと共有できたことも理解に繋がっていったと思います。

　このスペースは、子どもを知っている専門家がいて、必要に応じて相談できる駆込寺が用意されていることが安心感に繋がっていると思います。

駆込寺

　駆込寺を始める前は、SNSを通して突然WISC-Ⅳの検査結果がDMで届いて、アドバイスを求められることがあったのですが、さすがに子どもを見ないでお答えするのは控えました。しかし、その後も本州から相談に来たいという声が寄せられ、不定期ながら相談活動を受け入れていたのですが、駆込寺ができたことで定期的に相談活動をするようになりました。

　しかしながら、新型コロナウイルスの影響で思うように活動はできない日々が続きました。その中で特徴的だったのは、相談が継続的に行われ、その過程で検査を実施して子どもに説明してほしいという要望です。寺子屋に参加しているお子さんを含めて相談を重ねるケースが増えました。道外からの方のリピーター（メールを含めて）も増えていきました。

　事前にインタビューシートを頂き、子どもの抱える困難とギフテッドに関連する認知特性は丁寧に説明し、十分に理解してもらっていると考えています。でも、子どもの育ちや環境の変化とともに、新たに相談する内容も変化していきます。相談は、あくまでも支援の入り口であり、保護者と子どもが必要とするまで寺の門は開けておかなければと考えています。

自己理解を促す検査のフィードバック

　ギフテッドの子どもたちは、自分たちの苦手な部分はわかっています。大人でもそうですが、自分の弱さに向き合うのはなかなか簡単なことではありません。保護者にとっても、検査結果と子どもの抱える凸□がなかなか結びついていない状況です。検査結果は、子どもの人生に生かされるべきものと考えています。私は、検査をする上で保護者の希望だけではなく、子どもの希望と目的を尋ねます。それは、検査を受ける上で、子どもにも構えを持ってほしいと考えています。検査は、ただ単に数値を伝えて終わらせるのではなく、これからの学習や日常に生かす目的で行って欲しいと考えています。

　検査のフィードバックは、保護者と本人を交えて行います。保護者が子どもを理解する以上に、子どもが自分を理解することが大事だからです。そのために、結果から見られる認知特性を本人の学習面や行動面などの得意なことや苦手なことを照らし合わせながら説明します。隈元は、検査のフィードバック時に本人の特性を伝えることで、自分の工夫次第で日常はもっと良くなるという気持ちが育つことを述べています[73]。

　ギフ寺では、子どもが中心であり、特性を踏まえつつ、なぜうまくいかないのか、どのようにしたら学校生活や日常生活がうまくいくかを一緒に考えます。即効性のある答えはなかなか見えてきませんが、検査データは子どもたちが客観的に自分を知り、この先どのように歩んでいったらよいか考えるきっかけになると考えます。

土曜教室から、ギフ寺設立に至るまで

　ギフ寺の前身である土曜教室（p.12）を始めたのは、1998年です。

私は札幌市立病院の施設である「静療院」で、小児精神科の院内学級の教員をしていました。1990年頃から田中哲医師（p.12）と学習障害の勉強会を始めていて、「学習障害の子どもたちを集めて、学習や支援をする場をつくろう」という話になりました。

　土曜教室で大切にしたのは、「子どもの認知特性を見ながら、個別の指導や支援計画を立てること」です。WISC（p.26）を実施し、その子の認知特性をアセスメントして、その子との関わりに落とし込みました。少人数の子と長期間関わっているのも特徴です。自販機を見せてくれた子（p.12）とは、もう20年の付き合いです。

　土曜教室メンバーの中核は北大生で、各人の専門分野がありました。土曜の午前中にあるミーティングでは専門分野の話を持ち寄り指導計画を立て、土曜教室が終わると事後ミーティングで振り返りをして、次の機会に繋げるという繰り返しです。ボランティアだというのに、ずいぶん莫大な時間を費やしていたものだと思います。

　でも、やっぱり、楽しかったのです。子どもや保護者と丁寧に付き合うと、たくさんの発見があります。教員という「指導する立場」ではなく、子どもや保護者と対等な立場で話ができて、時間を共有できることが新鮮でした。あの時のキラキラした感覚が、ギフ寺を始めようという原動力になりました。

北海道大学土曜教室でのスタッフ・ミーティングの様子

ギフテッドの
これから

片桐
小泉　日高

手つかずのギフテッド教育

　10年前くらいにギフテッドをテーマにしたライトノベルが描かれましたが、そこで、ギフテッドに関しての会話で「確か天才と、そういうのじゃなかった。詳しくは知りませんが（二丸修一著「ギフテッド」より）」と述べられています。今も、多くの人からは同じような答えが戻ってくることが予想されます。欧米では、特別な教育的ニーズを有する子として、支援の対象として受け入れられ、才能を育てる教育が行われています。

　従来の教育は、知能という尺度でカテゴライズされていましたが、発達障害が加わり、特別支援教育のシステムが整備されてきました。しかし、ギフテッドにおいては日本では手つかずのままです。

　近年、日本でもギフテッドの才能が注目されるようになってきました。2014年12月には、日本財団と東京大学先端科学技術研究センターにおいて「異才発掘プロジェクトROCKET（Room Of Children with Kokorozashi and Extraordinary Talents）」が動き出しました。

　2016年12月には、高い志と異能を持つ若手人材支援を目的とし、孫正義育英財団が設立され、2017年９月には東京大学先端科学研究所と渋谷区が組んでギフテッドにフォーカスした教育が開始されました。徐々にですが、認知度が上がってきましたが、常に「才能」に注目が集まり、ギフテッドの抱える「困り感」が置き去りにされている感が否めません。

少しずつ動き始めた、日本のギフテッド教育

　2021年中央教育審議会が取りまとめた、「令和の日本型学校教育」の構築を目指して〜全ての子供たちの可能性を引き出す、個別最適な学びと、協働的な学びの実現〜（答申）の第Ⅱ部 各論「2.9年間を見通した新時代の義務教育の在り方について　（2）教育課程の在り方」では以下のように述べられています。

イ　特定分野に特異な才能のある児童生徒に対する指導

○米国等においては「ギフテッド教育」として、古典的には知能指数の高さなどを基準に領域非依存的な才能を伸長する教育が考えられてきたが、近年ではこれに加え、領域依存的な才能を伸長する教育や、特異な才能と学習困難とを併せ持つ児童生徒に対する教育も含めて考える方向に変化している。

○例えば、単純な課題は苦手だが複雑で高度な活動は得意など、多様な特徴のある児童生徒が一定割合存在するなかで、学校内外において、このような児童生徒を含め、あらゆる他者を価値のある存在として尊重する環境を築くことが重要である。

○一方で、特定分野に特異な才能のある児童生徒に対する教育に関し、我が国の学校において特異な才能をどのように定義し、見出し、その能力を伸長していくのかという議論は十分に行われていない状況にある。

○このため、知的好奇心を高める発展的な学習の充実や、大学や民間団体等が実施する学校外での学びへ児童生徒をつないでいくことなど、国内の学校での指導・支援の在り方等について、遠隔・オンライン教育も活用した実証的な研究開発を行い、更なる検討・分析を実施する必要がある。

やっと文部科学省もギフテッドの存在を認めたということでしょうか。教育行政的には、政策の対象とするためには「才能」という部分にフォーカスを当てラベリングをし、人数をある程度明確にする作業は必要になると思います。そのためには、併存する可能性のある発達障害と切り分け、ギフテッドの定義を明確にする必要があると考えられます。ある意味、2Eとすることで、障害を持ちながら知的機能の高い子どもとくくることで、支援に乗せやすいと考えることもできます。ただ、「障害」という言葉で括ることで社会から色眼鏡で見られる可能性が否定できません。

2021年7月に「特定分野に特異な才能のある児童生徒に対する学校における指導・支援の在り方等に関する有識者会議」の初会議が行われました。内容的にはインクルーシブ教育も含めたギフテッドの公教育のあり方について議論がなされたようです。

別枠でギフテッド教育を進めてしまうと、ギフテッド教育を受けられない人と受けられる人で、どこかで線を引かねばなりません。選別ではなく、すべての子どもが持つ「潜在的可能性」を通常の学校教育の場で満たすような取り組みと、過度激動などの特性に対応できる取り組みが広く行われるようになることを切に期待します。

今後の国の施策に対しては、才能開発に主軸を置くことなく、親や当事者の思いをくみとった上で、①不登校児童生徒に適用されているような特別な教育課程の編成をギフテッドにも認め、教育や心理・社会的ニーズに対する配慮や支援が可能な枠組みの構築、②困り感を抱えているギフテッドの子どもへの合理的配慮の提供、の2点を希望します。日本のギフテッド教育については、やっと動き出した感はありますが、今後具体的な施策となると、もう少し時間がかかるかもしれません。どのような動きになるのか、しっかりと見守っていきたいと考えます。

ギフテッドは、理解とフォローが必要な子どもたち

　相談を受けている中で、保護者が「ギフテッドみたいな才能はないと思うのですが、相談に乗ってもらえるでしょうか」と申し訳なさそうに書いてくるケースが印象に残ります。それを読むたびに、心が痛みます。保護者の方の中には、ギフテッドだから才能を伸ばさなくてはという思いに縛られている方も見受けられます。

　一般社団法人化したギフテッド応援隊のリーフレットには、ギフテッドの子どもたちを「理解とフォローが必要なこどもたち」とし「豊かな成長」という親の願いが綴られています。そのためには「安心して過ごせる居場所、得意な好きなことに向き合える環境、チャレンジできることが彼らには必要」と述べられています。

　私たちがギフテッドの子どもたちと付き合うのは、子どもたちが幸せになってほしいからです。優れた研究者、クリエーターになって、国家のために才能を生かす人を育てるのが目的ではなく、自分の人生でやりたいことを見つけて、ささやかでも人々に役に立ってくれればいいと考えています。彼らが成長するには「理解と支援」が必要なのです。

ギフテッドは「合理的配慮の対象」なのか？

　配慮や支援が必要であれば、ギフテッドは「障害」と言っていいのでは、と指摘される人もいるかもしれません。もちろん発達障害を併存する2Eのお子さんも存在しますが、ウェブも述べているとおり発達障害の誤診は少なからずあるように思います[11]。ある保護者は「これまで自閉症スペクトラム障害という診断を受けていたけれど、別の医師からは、他者の気持ちもくみ取れるし社会性もあるの

で、誤診だと言われた。診断が外れると、現在受けていた支援が受けられなくなってしまうので困っている」という話をされました。現在の学校教育では、何らかの医学的診断がないと支援に繋がらないのが現状で、保護者の苦悩も理解できます。支援を受けるために障害があることにしなければならないのも理不尽な話です。

　では、「合理的配慮」はギフテッドのある子どもが受けることは可能なのでしょうか。障害者差別解消法※では、障害者を「身体障害、知的障害、精神障害（発達障害を含む。）その他の心身の機能の障害（以下、「障害」と総称する。）がある者であって、障害及び社会的障壁により継続的に日常生活又は社会生活に相当な制限を受ける状態にあるものをいう」と定義しています。つまり、単に心身機能の障害だけではなく、社会的障壁があることで社会生活上の制限を受ける場合に「障害がある」とし、医師の診断書や障害者手帳は求めていません。例えば車椅子に乗っている方が、電車に乗る場合の介助依頼の際に、医師の診断書や手帳の提示は求められません。

　ですが、なぜか公教育になると、「診断書がないとだめ」と言われた、という保護者の方の嘆きが聞かれます。ギフテッドの特徴である過度激動や非同期発達、感覚の特異性があり、社会的障壁により社会生活（学校生活）に制限を受けているのであれば、ギフテッドのある子どもは十分合理的配慮の対象と言えます。ただし、それは「ギフテッド＝障害」を意味しているのではなく、近視の人がメガネをかけるように、社会的障壁を取り除いてあげれば、克服可能なものです。本書で紹介されている通常学級での配慮や支援の多くは、合理的配慮の範囲内です。今後学校教育において、ギフテッドへの偏見や誤った考え方も含めた社会的障壁を取り除くことで、ギフテッドの才能が豊かに育っていくことを願ってやみません。

※障害を理由とする差別の解消の推進に関する法律

Learning Diversity ～学びの多様性～

　ギフテッドの子どもの中には、海外に出て学んだり、フリースクールやホームスクールで学んだりしている子も多数います。本来は公教育で適切な支援が受けられればよいのですが、現状の日本の画一化された公教育の枠組みでは限界があるのは明白です。学習障害を議論する過程で、子ども一人ひとり異なった学習アプローチがあることから、Learning DisabilitiesではなくLearning Differences（学び方の違い）と考える人もいます。

　ギフテッドの場合、Thinking　Differences（思考の違い）という言葉がしっくりくると思います。子どもと関わる中で、彼らは問題解決などでは、直感、閃きなど、ちょっと人とは違う思考スタイルで本質に迫っていきます。考え方の違う子どもたちには、個々の子どもの興味関心に合った多様な学び方が必要になります。子どもの学びを保障する上で、Curriculum Differences（教育課程の違い）が求められます。長年親交のあるC君から、多様な学びを好む「Learning Diversity（学びの多様性）」はという提案がありました。

　ギフ寺に参加しているお子さんが、自分が安全安心に学校へ通えるには、というテーマで考えていることを作文にまとめてくれました（次ページ参照）。彼は3つの要望をまとめる中で、最後に「一人ひとりに合わせた学習を行って欲しい」と思いを綴っています。

　一人ひとりが違うのなら、学び方も学ぶ内容も多様であるべきです。とりわけ、ギフテッドの子どもたちはユニークな存在であり、彼らの学びを支えるオーダーメイドの教育は、ほかにも在籍する多様な子どもたちの学校生活にも役立っていくものと考えます。ギフテッドの子どもたちの多様なニーズを教育で実現することが、学校での多様性を育み、共生社会の実現へとつながっていくと考えます。

僕が学校に行くには〜先生方の行動案〜

僕はお世辞にも「学校が好き」、「学校に行きたい」とは思いませんし、先生方が嫌いではないですが、「もっとこうしてほしい」と思うところはあります。

まず、全校で協力して対応してほしい。ある嫌がらせを受けた時、全校でやった人捜しを本気でせず、学級指導もありませんでした。今も「やった人」が気になりますし、どんな理由でやったかが気になります（やった人を責めている訳ではない）。

次に、一人ひとりに合わせた学習を行って欲しいです。僕は勉強が得意ですが、学校教育は集団で学習していくので、分かっている問題をもう一度やらなければいけません。黒板に大きく書かれた掛け算の筆算の手順をノートに写し、「全員で」何回も、さらに宿題でも練習するのは、理解している者にとっては理不尽です。ですがこの方法は、クラスの友だちから色々な意見を聞くことができ、友だちが間違っていたら正す説明をしたり、なぜその答えになるのかを説明したりするのは、自分の復習にもなり、勉強にもなります。このように、学校の良さは「自分にはない意見を直に聞けるところ」だと思っています。

ですが、この方法は非生産的です（全てのことに生産性を求めるのは間違っていることは分かる）。だから、集団で議論するのと、個人で自分の長所を伸ばし短所を無くしていくという時間をどちらも取ることが大切だと思います。例えば、学習の中で大切な所はみんなで一緒に授業し、それ以外は自習にするといった方法を取るのも一つの方法かなと思います。

先日の理科のテストで、「沸騰した際の泡の正体は何か」という問題があり、僕が水を沸騰してできた泡を漏斗でビニール袋に集めた実験をした時には、すぐに水に変化したので「水」と解答しましたが×をつけられました。教科書には「泡は水蒸気」と書いてあるのは知ってましたが、自分たちが実験したことに基づけば、水の方が正解だと思ったからです。**学校で僕たちにつけたい学力とは何だろう？**と疑問に思います。

　これは全ての学校、先生に当てはまるとは言い切れません。しかし、僕の実体験です。そして様々な都合や理由があることも分かっています。だけど、僕の為にわがままを聞いて下さると、「学校やっぱ楽しいわ！」、「今日も学校行くぞ」と思えると思います。最後まで、僕のわがままを読んでくださってありがとうございました。

ギフテッドのこれから

　日本において、今後ギフテッドの子どもはどうすればよいのでしょうか。「はじめに」で触れたように、ギフテッドの教育はまずは公教育が担うべきですが、公教育も含め、ギフテッドに対する理解は非常に乏しいと言わざるをえません。ギフテッド、という言葉が才能や能力の高さと結びつき、配慮や支援とは縁遠いイメージを持ってしまっています。ギフテッドは、まだまだ啓蒙段階です。

　「学校で、僕たちにつけたい学力とは何だろう？」

　この小学4年生のディル君の言葉は、教育に携わっているすべての人の胸を突き刺す言葉ではないでしょうか。私は、教育に見返りを求めてはいけないと思います。近年、教育を費用対効果で考えることが盛んに行われ、財務省はこの点をよく突いてきます。限られた予算を効果的に配分するのが政治や行政の役目ですし、国にとっても、これから年金生活者になる私たちにとっても、子どもたちが豊かな教育を受けて、お金を稼いで税金をたくさん納めてくれるようになる方が確かにありがたいです。ですが、納税はあくまでも副産物にすぎません。学校教育の目的は、そこではないはずです。

　才能は誰もが持ってます。特定の才能を持っている人たちを発掘して、才能を伸ばすことも重要ですが、私たち大人は、子どもたちの潜在的な才能が開花する適切なタイミングで、その才能が生かせる場をつくる環境整備の役割を担う必要があります。

　子どもによっては、才能を生かす場が生まれるまで長い道のりとなるかもしれません。保護者や支援者は、まずはその子が「今」のびのび学べて、豊かな人格を形成する手助けを優先して取り組んでほしいのです。そして大人になり、本人なりの幸せを見つけ、幸福な生活ができるように導くのが、大人の仕事だと思っています。

保護者や支援者が子どもからあえて見返りを求めるとすれば、子どもから発せられる「今、幸せだよ」という言葉ではないかと思います。ギフテッドの子どもが持つ才能は、きっと本人なりの幸せをもたらしてくれるものだと思いますが、あくまでも本人の幸せを追求した結果として、社会に利益をもたらすのであって、その才能が必ずしも親や社会に利益をもたらすものではないことを理解する必要があります。利益は、その子自身の幸せにもたらされるのです。

　つまり「成功」したかどうか、は私たちや社会が決めることではなく、「本人」が決めることです。子どもに関わるすべての大人は、決して子どもに「自分たちが考える成功」を押しつけてはいけません。保護者や支援者は、子どもの言葉に耳を傾け、本人にとっての自己実現とは何か、幸せとは何かを一緒に話し合っていく必要があります。

　インクルーシブ教育が叫ばれて久しいですが、いまだに日本の学校教育ではインクルーシブ教育が達成されたとは、お世辞にも言えません。子ども一人ひとりがLearning Diversity（学びの多様性）を持っているとの前提に立ち、支援者は子どものニーズと学び方の特性を理解した上で、個々に応じた学び方を子どもに提案し、実行し、子どもに合わせて改善していく営みこそがインクルーシブ教育ではないでしょうか。

　私たちは学校教育に特別を求めていません。求めているのは、「子どもの学び方を理解して」、「子どもの能力を信じてあげて」、「子どもに合った学習を認めて」、「子どもが苦労していることをわかってあげて」ということだけです。たくさんのお金も過度な労力も不要です。みんなと同じ、平等を重んじる学校教育では、この当たり前のことがまだまだ難しいのです。「みんな違う、だから個々の教育的ニーズに応じた公平な学校教育の機会」が与えられるように望みます。

おわりに

北海道教育大学旭川校教授
片桐正敏

　私が臨床現場で子どもの相談を受けるときには、極力発達障害の可能性を排除して子どもを見ます。あくまでも本人の個々の特性は何か、今ここで起こっているありのままの姿を丁寧に観察することから入ります。私見ですが、近年支援者の多くは、子どもの問題や困り感を発達障害の特性と結びつけて考える傾向があるように思います。本書の中でも述べましたが、発達障害と考えてギフテッドのお子さんと関わると、とんちんかんな対応になってしまうことがあります。確かに発達障害でうまくいく対応は、定型発達の子どもも含めて、多くの子どもにポジティブに働くことが多いと思います。ところが、ギフテッドは必ずしもそうはいかないのです。

　ギフテッドという言葉は、子どもの強みや弱みに対する配慮や支援をしてもらうためのきっかけであり、自己理解をしやすくするため、また他人に特性を知ってもらうためのラベルでもあります。「わが子がギフテッドである」、「ギフテッドではない」という議論は本質ではありません。子どもの強みや弱みに対して十分な配慮を受けて、本人も幸せな生活を送れているのであれば、ギフテッドという言葉は必要ありませんし、ギフテッドと呼ぶ理由もありません。大事なことは、知能検査の数字よりも、本人の個々の特性を知り、子どもが持つ潜在的可能性を伸ばしてあげることです。

　学校教育の役割は、子どもが困っていることがあれば助け、子ども本人の強みは伸ばし、居場所をつくることです。ギフテッドの強みに対する配慮、支援をすることで、困り感が少なくなったり、問題が解決したり、場合によってはクラスメートを引っぱっていく、頼りになる存在にもなります。ただ、学校現場では、どうしても弱みや困り感に対する配慮、支援が優先され、強みに対する配慮、支

224

援は重要性すら認識されていないかもしれません。将来的には、ギフテッドへの理解が学校現場に浸透することで、こうした考えが改められるかもしれませんが、本来これら強みや弱みに対する関わりは、知能の高低に関係なく、学校教育を受ける子どもすべてに当てはまります。ギフテッドの子どもは、その強みに対する配慮、支援がより必要で顕著に効果があるということなのです。今後学校教育において、すべての子どもに対して、強み、弱みに対する配慮、支援が行われることを切に願います。

　この本を作成するに当たって、どれくらい専門的な内容を含むか、どうしたら読みやすく、わかりやすくすることができるだろうか、いろいろ考えました。小学館の和田国明さんには、企画段階から相談に乗っていただき、時には叱咤激励をいただきながら、出版まで支えていただきました。ライターの楢戸ひかるさんには、私たちの雑な文章を要領よく交通整理し、上手に翻訳していただきました。えじそんくらぶの高山恵子さんには、企画から執筆に至るまでいろいろ相談に乗っていただき、この本ができました。平松昭子さんには、素敵なイラストで本に彩りを加えていただきました。私（だけではなく、小泉、日高、富永）の指導教員である室橋春光先生には、日頃のギフテッドの臨床活動、研究活動を支えていただき、先生のご助力で本が完成しました。ギフテッド応援隊代表の冨吉恵子さんには、研究のご協力も含め、出版に際して多大なご助力をいただきました。江上麻由さんには、保護者アンケートの準備から分析まで丁寧に作業をしていただき、万永安芸さんには、保護者目線から素晴らしい文章を寄稿していただきました。手記を書いていただいた皆さん、応援隊の皆さんの絶大なる協力によりこの本ができました。

　皆さま本当にありがとうございます。そして、読んでいただいた方、皆さまに感謝です！

2021年11月

用語解説

　手や足、体、目の動きなどいろいろな部位をまとめ上げて、体全体や手先を(協調させて)動かすことが発達的に遅れていたり、困難な状態を発達性協調運動障害と呼びます。協調とは、目から得られた情報をもとに、手足などの体の動きを決め、実際に動かしながら補正も行う脳の働きを指します。例えば、机の上に置かれた鉛筆を取ることを考えてみましょう。まず、鉛筆がどこにあるのか見て確認します。次に、どの程度手を伸ばせば届くのか、つまむためには指をどのように動かすのか頭の中で動きが計算されます。最後に、実際に腕を伸ばして鉛筆を取ります。場合によっては、計算に失敗して机に向かって突き指をすることもあるかもしれません。ケガをしないために、腕や指を動かしながら正確な動きになるように、補正や修正が行われています。

　このような動き(運動)は、ボールを投げるといった体全体を動かす粗大運動と、ハサミを使うといった手先や手指などを動かす微細運動の2つに大別することができます。

● ディスクレパンシー、 ディスクレパンシーの出現率 p.17

　ギフテッドの場合、言語理解指標の合成得点がきわめて高く、処理速度指標の合成得点との間に大きな開きが出てくることがよくあります。この「大きな開き」をディスクレパンシーと言います。「大きな開き」の基準として、出現率という考え方があります。例えば、言語理解指標と処理速度指標の合成得点との間に32の差が見られたとします。WISC-IVでは、標準出現率が算出でき、この場合ですと9.2%となります。つまり「同年齢の子どもの中で32という差が出てくる割合が9.2%である」ということです。通常、出現率が10%より下回ると、稀な差として扱われます。

　用語5で述べている「非同期発達（発達の非同期性）」の特徴の一つとしてこのディスクレパンシーを挙げているものがありますが、検査結果のスコアの開きだけで非同期発達の有無を判断するのは避けるべきです。人間には多くの知能があり、芸術や運動、人間関係に関するものも知能と考えられています。WISC-IVで測定しているものは、ごく一部の知能にすぎません。ギフテッドの子どもは、物知りで一見すべての能力が高いように感じますが、感情や人間関係は年齢相応であったり、時として幼いと感じることもあります。感情の制御が上手にできずに苦しんでいる子もいます。ギフテッドの子ども自身もできることとうまくできないことの開きを認識していることがあり、つらい思いや困り感を抱えている例が少なくないようです。

● DN-CAS（Das-Naglieri Cognitive Assessment System）
　p.18

___

　この検査は、5歳0カ月から17歳11カ月までを対象に、「同時処理」能力、「継次処理」能力のほか、実行機能のうちの「プランニング」と「注意」を評価する認知検査です。この検査はWISC-IVのように、知能指数というものが算出できないことに留意する必要があります。

　「プランニング」とは、物事を遂行する際の計画や順序であり、計画を見直して新たに計画を遂行する、といった能力をこの検査で評価しています。

　この検査で見ている「注意」とは、特定の事物に注意を定めて維持する（注意し続ける）力や、2つの刺激に対して一方の刺激を無視して、もう一つの刺激の方に注意を向ける力を評価しています。

　「同時処理」能力とは、主に視覚（目）からの情報を一度に一つのまとまりやグループとして処理したり、まとめ上げたりする力です。

　「継次処理」能力とは、主に聴覚（耳）からの情報を順序立てて処理したり、統合したりする力です。

　標準では、12種類の下位検査を行いますが、8種類の下位検査で実施することも可能です。

用語4

● イマジナリーフレンド（Imaginary friend）p.90
● イマジナリーコンパニオン（Imaginary Companion）p.32

　主に心理学領域で用いられている、主に幼児期から児童期にかけて見られる現象で、日本語では「想像（空想）上の友だち」とも訳されています。大人には全く見えない（本人には見えているかもしれません）のですが、遊び相手には名前があり人格もあり、実際にその場にいるような感覚で子どもは一緒に遊びます。相手が動物であったり、人形に名前と人格を付与して、遊ぶということも同じイマジナリーフレンドの現象として考えられています。ギフテッドの場合、イマジナリーフレンドの割合が高いようですが[19]、私たちが日本で実施した調査では、出現率では通常一般的に日本で見られる割合とギフテッドの子どもと大きな差はないのですが、大人には見えないイマジナリーフレンドとぬいぐるみのイマジナリーフレンドの割合が半々でした。ギフテッドの子どもは、大人には見えないお友だちを通常よりも多く持っているようです。

　本文中にもあるように、通常の発達現象の一つであり、社会適応が良好といったポジティブな側面があります（p.90参照）。ギフテッドの場合、想像性過度激動のスコアの高い人はこの現象が見られることが多いようです（p.32参照）。

●非同期発達（Asynchronous development）　　p.46

　非同期発達とは、過度激動と並ぶギフテッドの特性の一つであり、時に困り感や生きづらさとして現れてくることがあります。通常の発達では、認知能力や言語能力、社会的な能力、情緒的な能力、運動能力は相互に関連して、少しずつですが、年齢とともに発達していきます。ところが、ギフテッドの子どもの場合は、特定の長けている能力をどんどん発達させて、そのほかの能力の発達と大きな開きが出てきてしまうことがあります。本来なら相互に関係がある（同期している）ので、一緒に発達していくのですが、ギフテッドの場合は発達が同期していないように見えるため、「非同期発達」と呼ばれています。得意な領域の発達が目覚ましいため、いわゆる凸□状態になり、能力間のアンバランスが顕著になります。

　実際には発達の同期は全然ないわけではなく、遅れていた能力が成長とともに追いつきますが、成人後も非同期性を抱えるギフテッドの人もいます[11]。得意な領域や逆に発達がゆっくりな領域は、個々のギフテッドの中でも大きく異なりますが、おおむね言語能力や推論能力は非常に優れていることが多く、情動面では幼さが見られるほか、運動能力も比較的ばらつきが多いかもしれません。

　非同期発達を見極める際には、WISC-IVの指標間のディスクレパンシーが参考になるでしょう。しかし用語2のところで触れたように、このディスクレパンシーの有無だけでは判断できず、現時点では非同期発達を判断する明確な指標があるわけではありません。

● アンダーアチーバー p.106, p.128, p.194

アンダーアチーバーは、一般的には知能に見合うだけの学業成績が伴っていない状態を指します。しかしながら、実際にはWISC-IVなどの知能検査で測定可能な知能は、数多くある知能の一面だけを測っているにすぎず、学業成績は環境要因が大きく影響していることから、厳密には知能と学業成績はイコールで考えることが難しいでしょう。

例えば知能が高くても、学習の機会がなければ学業成績は伸び悩み、知能検査で高く出た課題は、必ずしも学校の勉強と直接関係があるものではないでしょう。ギフテッドの想像性過度激動やマインドワンダリングは、学校の勉強の妨げとなることもあるかもしれません。ギフテッドの場合、強みも含めて、本人の特性に合わせた学びを柔軟に考えていく必要があります。

2Eの場合ですと、モチベーションの低下や敏感さ、低学力による脱落に直結するような困難さ等に関連する問題が見られます[60]。特にネガティブな教育体験は、モチベーションの低下と自己概念に大きく影響します。その結果、学業不振になることもしばしば見られます。2Eの子どもでは、小学校4年生から中学生にかけて学業不振が進むこと、また学校に対する所属感や適応感といった感覚が低下することが知られています[61]。

● マインドワンダリング（Mind wandering）　p.112

通常私たちは、何かに集中して作業をしたり、テレビや本を見たり読んだりしています。マインドワンダリングとは、こうした注意すべき作業から注意がそれて、作業とは別なことを考えてしまうことで起きる状態です。このマインドワンダリングの状態では、外から見るとボーッとした状態として見られますが、心の中はあれこれ想像をしてみたり、何か楽しいことを考えていたり、逆に嫌なことや気になっていることを考えて不安になったり、今日の夕ご飯何にしようか、などを考えたりしています。多くの人は、起きている一日の半数近くの時間、マインドワンダリングに時間が使われているとも言われています。そもそも電車などで一人でいるときに、ブツブツ言葉を出すと怪しい人と思われるので、心の中でいろいろ考えているはずです（心の中でつぶやく言葉を「内言語」といいます）。基本、電車内で瞑想している人はほとんどいないでしょう。

マインドワンダリングのポジティブな側面としては、創造的思考を促進し、よりよい社会的問題解決を可能にし、将来の計画を精緻化し、退屈なときに精神的なリラックスを提供するが示唆されていますが、ネガティブな側面としては、気分を落ち込ませたり、注意の妨げになったり、学業に影響を及ぼすと言われています[74]。

このように、マインドワンダリング自体も、ギフテッドと同じように強みと弱みを持っています。むしろマインドワンダリングは、ギフテッドの特性の一つと言えるかもしれません。

引用文献

1) Wechsler, D. (2003). *Technical and Interpretive Manual for the Wechsler Intelligence Scale for Children-Fourth Edition*. NCS Pearson. (日本版WISC-IV刊行委員会 (訳編). 日本版WISC-IV知能検査 理論・解釈マニュアル. 日本文化科学社)

2) 小泉雅彦 (2014). 読み書き困難を持つ知的ギフテッドの支援. 子ども発達臨床研究, 6, 131-136.

3) 小泉雅彦 (2016). 認知機能にアンバランスを抱えるこどもの「生きづらさ」と教育：WISC-Ⅳで高い一般知的能力指標を示す知的ギフティッド群. 北海道大学大学院教育学研究院紀要, 124, 145-151.

4) Wechsler, D. (1958). *The Measurement and Appraisal of Adult Intelligence*. The Williams & Wilkins Company, Baltimore. (D. ウェクスラー・D. 茂木茂八・安富利光・福原真智子訳 (1972). 成人知能の測定と評価. p.9, 日本文化科学社)

5) Dąbrowski, K. (1964). Positive disintegration and child development. *Positive disintegration*. pp. 75–81 William Tillier, M. Sc.

6) Mendaglio, S. & Tillier, W. (2006). Dabrowski's theory of positive disintegration and giftedness: Overexcitability research findings. *Journal for the Education of the Gifted, 30,* 68-87.

7) Dąbrowski, K. (1964). *Positive disintegration*. Boston: Little, Brown.

8) Harper, A., Cornish, L., Smith, S & Merrotsy, P. (2017). Through the Dąbrowski lens: A fresh examination of the theory of positive disintegration. *Roeper Review, 39,* 37–43.

9) 日高茂暢・富永大悟・片桐正敏・小泉雅彦・室橋春光 (2021). ギフテッドのOverexcitability特性と関連するADHD傾向、空想傾向、およびマインドワンダリング頻度の検討－OEQ-II、ADHD-RS、DDFS、MWQを用いた健常大学生のデーター. 佐賀大学教育学部研究論文集, 5, 113–131.

10) 松村暢隆 (2018). 発達多様性に応じるアメリカの2E教育: ギフテッド (才能児) の発達障害と超活動性. 關西大學文學論集, 68, 1-30.

11) Webb, J.T., Amend, E.R., Beljan, P., Webb, N.E., Kuzuhankis, M., Olenchak, R.F., & Goerss, J. (2016). *Misdiagnosis and dual diagnoses of gifted children and adults: ADHD, bipolar, OCD, Asperger's, depression, and other disorders. Second edition.* Tucson, AZ: Great Potential Press, Inc. (角谷詩織・榊原洋一 (監訳). ギフティッドその誤診と重複診断：心理・医療・教育の現場から. 北大路書房)

12) Silverman, L. (2016). The Truth about overexcitabilities. Gifted developmental center. (http://www.gifteddevelopment.com/blogs/bobbie-and-lindas-blog/truth-about-overexcitabilities)

13) Bailey, C.L. (2010). Overexcitabilities and sensitivities: Implications of Dabrowski's theory of positive disintegration for counseling the gifted. Ideas and research you

can use: VISTAS 2010. (Retrieved from http://counselingoutfitters.com/vistas/vistas10/Article_10.pdf)

14) Falk, F. R., Lind, S., Miller, N. B., Piechowski, M. M., & Silverman, L. K. (1999). *The overexcitability questionnaire-two (OEQII): Manual, scoring system, and questionnaire*. Institute for the study of advanced development.

15) Falk, F. R., Yakmaci-Guzel, B., Chang, A., Pardo de Santayana Sanz, R., & Chavez-Eakle, R. A. (2008). Measuring overexcitability: Replication across five countries. Sal, M. (Ed.), *Dabrowski's theory of Positive Disintegration*. pp.183–199. Great Potential Pr, Inc. Arizona, US.

16) 日高茂暢・富永大悟,・片桐正敏・小泉雅彦・室橋春光 (2021). 知的ギフテッドのOverexcitabilitiesを評価する心理尺度開発の予備的検討―Overexcitabilities Questionnaire-Two日本語版の試作―. 佐賀大学教育学部研究論文集, 5, 95-112.

17) Daniels, S., & Piechowski, M. M. (2008). Embracing intensity: Overexitability, sensitibity, and the developmental potential of the gifted children, adolescents, and adults. S. Daniels & M. M. Piechowski (Eds.), *Living with Intensity*. Great Potential Press Inc. Arizona, US.

18) Lind, S. (2011). Overexcitability and the gifted. *The SENG Newsletter, 1*, 3-6.

19) Webb, J. T., Gore, J. L., Amend, E. R., & Devries, A. R. (2007). *Intensity, perfectionism, and stress. A parent's guide to gifted children*. Great Potential Press, Inc. (角谷詩織 (訳). 我が子がギフティッドかもしれないと思ったら. 春秋社)

20) Moriguchi, Y., & Shinohara, I. (2012). My neighbor: children's perception of agency in interaction with an imaginary agent. *PLoS ONE, 7*, e44463.

21) Root-Bernstein, M. (2009). Imaginary Worldplay as an Indicator of Creative Giftedness. L. V. Shavinina (Ed.), *International Handbook on Giftedness*. pp. 599-616. Springer, Netherlands.

22) Seiffge-Krenke, I. (1997). Imaginary companions in adolescence: Sign of a deficient or positive development? *Journal of Adolescence, 20*, 137-154.

23) Tieso, C. L. (2007). Overexcitabilities: A new way to think about talent? *Roeper Review, 29*, 232-239.

24) Winkler, D., & Voight, A. (2016). Giftedness and overexcitability: Investigating the relationship using meta-analysis. *Gifted Child Quarterly, 60*, 243-257.

25) Piechowski, M. M., & Cunningham, K. (1985). Patterns of overexcitability in a Group of Artsits. *The Journal of Creative Behavior, 19*, 153-174.

26) Aron, E. N. (2004). Is Sensitivity the same as being gifted? The highly sensitive person. Comfort Zone Newsletter.

27) "National Association for Gifted Children." "Social & Emotional Issues"" (https://www.nagc.org/resources-publications/resources-parents/social-emotional-issues)"

28) Baum, S. M., Olenchak, F. R., & Owen, S. V. (1998). Gifted students with attention deficits: Fact and/or fiction? Or, can we see the forest for the trees? *Gifted Child Quarterly, 42*, 96-104.

29) McCoach, D.B., Siegle, D., & Rubenstein, L.D. (2020). Pay attention to inattention: Exploring ADHD symptoms in a sample of underachieving gifted students. *Gifted Child Quarterly, 64*, 100-116.

30) Neihart, M. (2000). Gifted children with asperger's syndrome. *Gifted Child Quarterly, 44*, 222-230.

31) Simonton, D.K., & Song, A.V. (2009). Eminence, IQ, physical and mental health, and achievement domain: Cox's 282 geniuses revisited. *Psychological Science, 20*, 429-434.

32) Alsop, G. (2003). Asynchrony: Intuitively valid and theoretically reliable. *Roeper Review, 25*, 118-127.

33) Guénolé, F., Louis, J., Creveuil, C., Baleyte, J., Montlahuc, C., Fourneret, P., & Revol, O. (2013). Behavioral Profiles of Clinically Referred Children with Intellectual Giftedness. *BioMed Research International*, Article ID 540153.

34) Worrell, F.C., Subotnik, R.F., Olszewski-Kubilius, P., & Dixson, D.D. (2019). Gifted students. *Annual Review of Psychology, 70*, 551-576.

35) Rommelse, N., van der Kruijs, M., Damhuis, J., Hoek, I., Smeets, S., Antshel, K.M., Hoogeveen, L., & Faraone, S.V. (2016). An evidenced-based perspective on the validity of attention-deficit/hyperactivity disorder in the context of high intelligence. *Neuroscience and Biobehavioral Reviews, 71*, 21-47.

36) Guez, A., Peyre, H., Le Cam, M., Gauvrit, N., & Ramus, F. (2018). Are high-IQ students more at risk of school failure? *Intelligence, 71*, 32-40.

37) Richards, J., Encel, J., & Shute, R. (2003). The emotional and behavioural adjustment of intellectually gifted adolescents: A multi-dimensional, multi-informant approach. *High Ability Studies, 14*, 153-164.

38) Bergold, S., Wirthwein, L., Rost, D.H., & Steinmayr, R. (2015). Are gifted adolescents more satisfied with their lives than their non-gifted peers? *Frontiers in Psychology, 6*, 1623.

39) Iimura, S., & Kibe, C. (2020). Highly sensitive adolescent benefits in positive school transitions: Evidence for vantage sensitivity in Japanese high-schoolers. *Developmental Psychology, 56*, 1565-1581.

40) 吉川徹 (2021). ゲーム・ネットの世界から離れられない子どもたち 子どもが社会から孤立しないために. 合同出版.

41) Barkley, R. (1997). Behavioral Inhibition, Sustained Attention, and Executive Functions: Constructing a Unifying Theory of ADHD. *Psychological Bulletin, 121*, 65-94.

42) Hill, L.J., Williams, J.H., Aucott, L., Thomson, J., & Mon-Williams, M. (2011). How does exercise benefit performance on cognitive tests in primary-school pupils? *Developmental Medicine & Child Neurology, 53*, 630-635.

43) Lees, C., & Hopkins, J. (2013). Effect of aerobic exercise on cognition, academic achievement, and psychosocial function in children: a systematic review of

44) Rommelse, N., van der Kruijs, M., Damhuis, J., Hoek, I., Smeets, S., Antshel, K.M., Hoogeveen, L., & Faraone, S. V. (2016). An evidenced-based perspective on the validity of attention-deficit/hyperactivity disorder in the context of high intelligence. *Neuroscience & Biobehavioral Reviews, 71,* 21-47.

45) Seiffge-Krenke, I. (1997). Imaginary companions in adolescence: Sign of a deficient or positive development? *Journal of Adolescence, 20,* 137-154.

46) 森口佑介 (2015). 空想の友達―生成メカニズムと子どもの特徴―. 心理学評論, 57, 529-539.

47) Kimmel, H.D. & Deboskey, D. (1978). Habituation and conditioning of the orienting reflex in intellectually gifted and average children. *Physiological Psychology, 6,* 377-380.

48) Foley-Nicpon, M., Assouline, S. G., & Stinson, R. D. (2012). Cognitive and academic distinctions between gifted students with autism and asperger's syndrome. *Gifted Child Quarterly, 56,* 77-89.

49) Amend, E., R., Schuler, P., Beaver-Gavin, K., & Beights, R. (2009). A unique challenge: Sorting out the differences between giftedness and asperger's disorder. *Gifted Child Today, 32,* 57–63.

50) Lind, S. Before Referring a Gifted Child for ADD/ADHD Evaluation. SENG. (https://www.sengifted.org/post/before-referring-a-gifted-child-for-add-adhd-evaluation)

51) Philip, S. (2011). My Dyslexia. W.W.Norton & Company, Inc. NY. (藤堂栄子・室崎育美 (訳). 私のディスレクシア. 東京書籍.)

52) 藤堂高直 (2012). 「読む」「書く」は苦手だけれどDX型ディスレクシアな僕の人生－10人に1人はディスレクシア. 主婦の友社.

53) 松村暢隆 (2016). アメリカの2E教育の新たな枠組 －隠された才能・障害ニーズの識別と支援－. 關西大學文學論集, 66, 143–171.

54) 小倉正義 (2009). 8章 2Eの子どもへの教育. 杉山登志郎・岡南・小倉正義 (著) ギフテッド 天才の育て方. 学研. pp.134-152.

55) 小倉正義 (2018). 3 学習支援を通しての社会情緒的支援. 2E教育の理解と実践 発達障害児の才能を活かす. 金子書房. pp. 25-35.

56) Karpinski, R.I., Kinase Kolb, A.M., Tetreault, N.A., & Borowski, T.B. (2018). High intelligence: A risk factor for psychological and physiological overexcitabilities. *Intelligence, 66,* 8–23.

57) Miller, N.B., & Falk, F.R. (2009). Gender identity and the overexcitability profiles of gifted college student. *Roeper Review, 31,* 161-169.

58) Richards, J., Encel, J., & Shute, R. (2003). The emotional and behavioural adjustment of intellectually gifted adolescents: A multi-dimensional, multi-informant approach. *High Ability Studies, 14,* 153-164.

59) Cross, T.L., & Andersen, L. (2015). Depression and Suicide Among Gifted Children. M.Neihart, S.I.Pfeiffer, & T.L. Cross (Eds.), *The social and emotional development of gifted children: What do we know?* pp.79-90. Prufrock Press, Inc. UK.

60) Foley-Nicpon, M. (2015). The social and emotional development of Twice-Exceptional children. M. Neihart, S.I. Pfeiffer, & T.L. Cross (Eds.), *The social and emotional development of gifted children: What do we know?* pp.103-118. Prufrock Press, Inc. UK.

61) Lupart, J.L., & Pyryt, M.C. (1996). "Hidden Gifted" Students: Underachiever Prevalence and Profile. *Journal for the Education of the Gifted, 20,* 36-53.

62) Assouline, S.G., Foley Nicpon, M., & Dockery, L. (2012). Predicting the academic achievement of gifted students with autism spectrum disorder. *Journal of Autism and Developmental Disorders, 42,* 1781-1789.

63) Silverman, L.K., & Miller, N.B. (2009). A Feminine Perspective of Giftedness. L. V. Shavinina (Ed.), *International Handbook on Giftedness.* pp.99-128. Springer, Netherlands.

64) 岩田みちる (2019). 強みを活かしたLDの支援. 指導と評価, 65, 12-14.

65) 小林玄 (2019). ADHDの特性をプラスに活かす. 指導と評価, 65, 18-20.

66) 日高茂暢 (2019). ASDの特性をプラスに活かす. 指導と評価, 65, 24-26.

67) 岡田克己 (2018). 通級指導で才能を伸ばす. 2E教育の理解と実践　発達障害児の才能を活かす. 金子書房. pp. 43-51

68) 岡田克己 (2020). 通級指導教室における2e教育の取り組み. 小児の精神と神経, 60, 38-49.

69) 杉山明 (2018). 通級指導教室におけるサマースクール. 2E教育の理解と実践 発達障害児の才能を活かす. 金子書房. pp.52-60

70) 吉原勝 (2018).「才能を伸ばす」指導・支援の施策. 2E教育の理解と実践 発達障害児の才能を活かす. 金子書房. pp.36-42

71) 日高茂暢 (2020). 知的ギフテッドの子どもの持つ特別な教育的ニーズの理解: 特別支援教育の「個に応じた学習」を用いたインクルーシブな才能教育. 佐賀大学教育学部研究論文集, 4, 147–161.

72) 日高茂暢 (2019). 学習に困り感をもつ青年の生き方を支える「居場所」－ごぶサタ倶楽部の実践と大学における合理的配慮、地域への般化に向けて－. 札幌学院大学心理学紀要, 2, 49-63.

73) 隈元みちる (2014). 受検者との協働によるWAIS-Ⅲフィードバック方法の試行. 兵庫教育大学研究紀要 44, 177-182.

74) 梶村昇吾 (2021). さまよう思考を刺激する. 心理学ワールド, 93, 17-20.

チームギフテッドの紹介

この本を一緒に作った
メンバーを紹介します!

片桐 正敏(かたぎり まさとし)

小泉 雅彦(こいずみ まさひこ)

ギフテッド・LD発達援助センター主宰。
ギフ寺住職。北海道大学大学院教育
学研究科博士後期課程単位修得退学。
専門は特別支援教育、認知心理学。

日高 茂暢(ひだか もとのぶ)

佐賀大学教育学部講師。北海道大学
大学院教育学院博士後期課程中退。
専門は特別支援教育、障害児精神生
理学、臨床心理学。

富永 大悟(とみなが だいご)

山梨学院大学経営学部経営学科専任
講師。北海道大学大学院教育学研究
科博士後期課程単位修得退学。専門
は特別支援教育、認知心理学。

一般社団法人 ギフテッド応援隊

ギフテッド・2Eの子を育てる保護者の
会。2017年発足、2021年に法人化。
子どもたちの成長を支える多彩な活
動を、全国で展開中。

Team Gifted

楢戸 ひかる（ならとひかる）

――― 構成 ―――

「ギフテッド」と「社会」のコミュニケーションに関心があります。その知恵の蓄積に寄与する原稿を書き続けていきたいです。

進藤 一茂（しんどうかずしげ）

――― 装幀 ―――

本当の意味での多様性とはどんなものだろう。皆が自分なりの輝きを未来に見出せる世界をイメージしながら手を動かしました。

(株)明昌堂（めいしょうどう）

―― エディトリアル・デザイン ――

特別支援教育関連の書籍や教材などのコンテンツを制作している会社です。ギフテッドの情報が世に伝わるよう、裏方として支えます。

和田 国明（わだくにあき）

――― 編 集 ―――

4半世紀を超える編集の最後に「ギフテッドの世界」を彷徨いつつ、この単行本が、ギフ親の読者に届くことを祈っています。皆さん、感謝！

著者プロフィール

編著／片桐　正敏　北海道教育大学旭川校教授

　2011年北海道大学大学院教育学研究科博士後期課程修了。博士（教育学）。3年ほど通信制高校の教員を経験した後、大学院へ。国立精神神経医療研究センター精神保健研究所、富山大学大学院医学薬学研究部、浜松医科大学子どものこころの発達研究センターを経て、現職。専門は、臨床発達心理学、発達認知神経科学、特別支援教育。基礎的な研究と併行して、臨床研究も行っている。発達障害のある子どもやギフテッドの相談支援活動も行っている。3人の子どもの父。

著／小泉雅彦　ギフテッド・LD発達援助センター主宰
**　　日高茂暢**　佐賀大学教育学部講師
**　　富永大悟**　山梨学院大学経営学部専任講師
**　　一般社団法人 ギフテッド応援隊**

構成／楢戸ひかる

ギフテッドの個性を知り、伸ばす方法

2021年11月20日　　初版第1刷発行
2024年　1月29日　　　　第5刷

装幀	進藤一茂
イラスト	平松昭子
本文デザイン	株式会社 明昌堂（西巻直美）
校正	目原小百合
編集	和田国明

発行人	北川吉隆
発行所	株式会社　小学館
	〒101-8001
	東京都千代田区一ツ橋2-3-1
	編集　03(3230)5389
	販売　03(5281)3555
印刷所	三晃印刷株式会社
製本所	株式会社若林製本工場